한방화장품의
문화사

우리 역사 속에 보이는 한방화장품과 피부 미용

한방화장품의 문화사

김남일 지음

들녘

【 프롤로그 】

 이 책은 한방화장품과 관련한 콘텐츠contents를 역사문화적 관점에서 정리한 것이다. 현재 한방화장품이라는 개념은 이미 보편화된 하나의 중요 국가 브랜드로 자리 잡고 있다. 몇 년 전 어느 기업의 보고서에서 한국의 미래를 밝힐 10대 상품 가운데 한방화장품이 꼽힌 것은 결코 우연이 아니다. 특히 1997년 출시되어 세계적 히트 상품으로 떠오른 '설화수'를 보면 이 브랜드의 위력을 다시 한 번 확인하게 된다. 이러한 시기에 한방화장품에 대해 역사문화적 연구의 필요성이 강력하게 나타나게 것은 당연한 일일 것이다. 최근 한방화장품의 역사에 대한 연구가 체계적으로 펼쳐지고 있고, 화장문화 관련 연구 영역도 점점 더 넓어지고 있다. 마케팅, 브랜드, 디자인 등 한방화장품 경영과 관련한 논문은 이 분야가 차지하는 사회경제적 규모를 생각할 때 건전하게 발전하고 있는 모습을 보여준다.
 한방화장품에 대한 산업계와의 연계에서 대표적인 분야인 한의학의 연구도 약진하고 있음을 볼 수 있다. 한의학 처방들을 기반으로 하는 복합약물 연구와 본초학을 기반으로 하는 단미약물 연구, 한방 안이비인후 피부과를 기반으로 하는 한방화장품의 피부미용 관련 연구 등이 활발해지는 것은 이 분야가 한의학에서 미래에 어떤 위치를 차지할 것인가를 가늠해볼 수 있는 기준이 된다. 한방화장품이 해외에서 빛을 발하기 시작함에 따라 중국과 일본 등 해외의 화장품, 미의식 등을 비교하는 연구가 날로 늘어나고 있다. 외국과의 교류에서 이 분야가 맡게 될 역할을 모색할 좋은 연구들이라 할 것이다.

필자가 이 작은 책자를 집필하게 된 데에는 수년 전 아모레퍼시픽의 한방화장품 관련 프로젝트의 이론 분야에 관한 연구에 참여하면서부터였다. 수년 동안 진행된 연구 과정은 나로 하여금 미개척 분야의 탐구가 어떤 학문적 희열을 가져다주는지를 체험하는 역정이었다. 아마 학자로서의 삶에서 이렇게 재미를 느끼면서 연구했던 시기는 별로 없었던 것 같다. 이 자리를 빌려 이러한 학문적 희열을 느끼게 해준 아모레퍼시픽 관계자 여러분께 감사의 말을 전한다.

이 책은 모두 7개의 장으로 구성되어 있다. 1장 한방화장품 개괄에서는 한방화장품의 정의에 대한 내용들을 정리했다. 2장 우리 역사 속에 보이는 한방화장품과 피부미용에서는 한국사에 나타난 한방화장품 관련 사료들을 찾아서 정리했다. 3장 한국의 피부미용과 문화에서는 한국의 피부미용을 문화적 입장에서 살펴보았다. 4장 한의학과 피부미용에서는 본격적으로 한의학적 입장에서 피부미용을 조망했다. 5장 의서와 역사 기록에 나타난 한방화장품과 피부미용에서는 한국의 의학 서적과 역사 기록에 흩어져 있는 한방화장품과 피부미용에 관한 내용들을 발췌하여 정리했다. 6장 『동의보감』과 한방화장품에서는 2009년 유네스코에서 세계기록문화유산으로 지정한 허준의 『동의보감』에 나오는 한방화장품 관련 내용들을 모아서 한방화장품의 세계화 방안을 모색했다. 7장 한방화장품의 원료에서는 한방화장품의 원료에 대한 기록의 각종 자료들을 분석하여 새로운 한방화장품 개발의 가능성을 모색했다. 이 책의『동의보감』관련 번역은 법인문화사의『신대역동의보감』과 동의보감출판사의『대역동의보감』을 많이 참조했음을 밝히고, 『조선왕조실록』을 비롯한 각종 역사서의 번역본은 조선왕조실록 홈페이지(http://sillok.history.go.kr/main/main.jsp)와 한국역사정보통합시스템 홈페이지(http://www.koreanhistory.or.kr/)를 많이 참조하였음을 밝힌다. 이 외에도 저자의 게으름으로 일일이 출전을 밝히지 못한 점이 발견되더라도 넓은 아량으로 용서하시기를 부탁드리는 바이다.

    이 연구는 저자 개인의 입장으로 보면 학제學製 간 연구의 효시이다. 여러 학문이 점차 소통하여 융합되어 가는 시점에서, 독자들이 이 책을 하나의 새로운 시도로 받아준다면, 이 책의 부족함은 그것으로도 용서되지 않을까 하는 우매한 망상에 빠져본다.

고황산 기슭에서
김남일

【 추천사 】

　수년 전 내가 처음 김남일 교수를 만났을 때, 탐구심에 가득한 연구자라는 인상을 받았다. 한방화장품이라는 분야가 오랜 역사와 문화가 축적되어 형성된 지식의 집합체라는 사실을 일깨워준 것은 그가 나에게 던져준 커다란 충격이었다. 수년 동안 그가 찾아낸 스토리들은 한방화장품의 영역이 단순한 약물의 구조식에서만 발견되는 것이 아니라 그 저변을 흐르는 우리 민족의 역사에서 형성된 무의식 속에 자리하고 있다는 것을 일깨워주기에 충분했다. 수년 전 『동의보감』이 유네스코 세계기록문화유산으로 등재되었을 때 그가 흥분하면서 나에게 말해주었던 이야기들이 내 기억을 맴돈다. 역사 속에서 우리의 손길을 기다리는 수많은 이야기들이 묻혀 있다는 것은 우리의 미래에 대한 새로운 희망을 던져준다. 한방화장품 브랜드를 최일선에서 경영하고 있는 나의 입장에서, 이 책이 이 분야의 문화적 가치를 일깨워줄 수 있을 것이라는 사실을 생각할 때 이 책은 우리 화장품업계에 커다란 자부심을 가져다줄 것임이 분명하다. 김남일 교수가 이루어낸 수년간의 연구는, 이 업계에서 분투하는 모든 이에게 새로운 기쁨과 아울러 미래에 대한 과제를 던져주는 것이라는 점을 깊이 인식하면서 한국의 문화를 애호하는 이 땅의 모든 문화인에게 이 책을 강력하게 추천하는 바이다.

아모레퍼시픽 회장 서경배

【 차 례 】

프롤로그 5
추천사 8

1. 한방화장품 개괄

한방화장품의 역사문화 탐구를 시작하면서　16
한의학적으로 본 한방화장품의 효과　21
한의학에서 피부는 어떤 의미를 갖는가?　25
한방 피부미용의 의의, 방법, 기능　29
한방 피부미용의 영역과 요법　33
한방화장품의 기준에 대해서　38

2. 우리 역사 속에 보이는 한방화장품과 피부미용

단군신화에 나타난 쑥과 마늘의 피부미용 효과　42
쌍용총 고분벽화의 연지 화장한 여인들　45
선덕여왕과 모란꽃 향기　48
신라시대 기파랑과 피부미용　50

몸에서 향기가 난 신라시대의 국색 김정란 53
고려시대부터 민간에서 사용해온 해수욕 요법 56
『고려도경』에 나타난 고려시대 여인들의 모습 59
기황후의 성공 신화 62
조선 2대 임금 정종의 피부에 대한 인식 64
일본 사신 승전이 세조에게 바친 장렴 67
국혼에 지분 사용을 억제하고자 한 영조 71
숙종의 피부관리 방안 74
다리의 부기를 다스리는 인동차와 총과병 77
위맥과 안색을 연결 지어 질환을 파악하다 80
인종의 얼굴 상태를 이양병으로 진단하다 83
궁중 어의 유상의 얼굴 피부 치료 활동 85
피부소양증에 금은화차와 각종 차를 사용하다 88
진주가루로 화장 한 명성황후 91
1930년 『별건곤』에 나오는 미용비법 94
옛 왕실에서 사용한 두 가지 피부미용 처방 98

3. 우리나라의 피부 미용과 문화

우리나라의 미인관 102
우리나라의 목욕문화 103
『견첩록』의 매분구에 대한 기록 105

관형찰색으로 순조의 얼굴을 살핀 홍욱호 109
한방화장품과 환경 113
음식과 피부미용 116

4. 한의학과 피부미용

한의학적 아름다움이란 120
한의학의 주름과 개선법—주름의 한의학적 해석 126
경락이론과 피부미용—12피부, 육경피부 134
여자포와 피부미용의 관계 138
한증요법과 피부 미용 141

5. 의서와 역사 기록 속에 보이는 한방화장품과 피부미용

『향약구급방』의 피부미용 내용 분석 146
『향약집성방』에 소개된 온천의 피부미용 효과 151
온천욕으로 피부관리를 했던 세종대왕 155
천문동으로 피부를 관리할 것을 상소하다 158
사람의 피부를 나무의 껍질에 비유한 장순손 166
피부관리의 새로운 방안을 제시한 정조대왕 171
화장문화의 보고, 『규합총서』 177

『섭양요결』에 나오는 고본주의 피부미용 효과 187
얼굴을 윤택하게 하고 곱게 하는 화장법 190
음식과 피부미용의 관계 195
1955년에 간행된 『미용, 이용 위생독본』 199

6. 『동의보감』과 한방화장품

『동의보감과 피부미용』 204
피부미용 처방들 212
피부미용과 '정기신론'의 만남 218
피부 마사지법—수의재면법 223
반노환동과 피부미용 226
얼굴을 아름답게 하는 향기 229
향기요법 관련 기록 한 가지 232
몸에서 향기 나게 하는 법 235
향 처방의 기록, '향보' 238
미용 비누—향비조 242

7. 한방화장품의 원료

피부를 즐겁게 해주는 돼지비계 효과 246
전염병 예방에 뛰어난 목욕 처방 247
얼굴의 피부에 사용하는 외용 단방들 250
얼굴을 아름답게 하는 단방들 253
장미 이슬로 손을 씻은 김시국 256
수세미의 피부미용 효과 260
조두의 한의학적 활용 263
우리나라 고유의 천연화장품, '미안수' 266
피부미용에 활용된 동백꽃 270
한의사 이병택의 '미용치험례' 273

에필로그 277
참고문헌 278

한방화장품 개괄

한방화장품의 역사문화 탐구를 시작하면서

　수천 년 동안 한의학은 우리 민족의 질병을 치료하면서 경험을 축적해왔다. 한의학이 오랜 기간 축적해온 치료경험과 이론체계는 한국인의 건강코드와 완벽하게 일치한다. 비록 서양의학이 150여 년 전 들어와 한의학이 주류의학으로서의 위치를 잃었지만 여전히 한국인의 가슴속에 깊이 새겨져 있다. 최근 한의학에 대한 세계인들의 관심이 높아지고 있다. 서양의학자들이 보완대체의학에 눈을 돌리게 된 것은 서양의학의 생의학적 방법론의 한계를 극복하고 새로운 패러다임의 의학체계를 구성해야 한다는 필요성을 인식하고 있었기 때문이다.

　한의학과 화장품이 이루어낸 역사를 찾아낸다는 것은 어려운 일로 보일 수도 있다. 이에 대한 본격적인 연구가 그다지 없기에 무모한 작업이라고 여길 수도 있겠지만, 이 주제에 대해 연구를 시작하기로 마음먹은 필자의 입장에서 필자 자신의 무능만을 내세우기에는 이 사안에 대한 정리가 시급하게 요청되는 시대적 상황을 외면할 수 없다.

　이 주제에 관한 보다 생산적인 연구를 위해 앞으로 정리해야 할 사안들을 먼저 꼼꼼히 살펴볼 필요가 있다.

첫째, 한의학 고전 의서에 나타난 화장 또는 화장품 관련 자료에 대한 분석이다. 『동의보감』, 『의방유취』, 『향약집성방』처럼 한국을 대표하는 의서에 대해 이미 해외에서도 연구가 활발하게 진행되고 있는 시점에서 이 의서들에 실려 있는 화장에 대한 내용들을 연구해야 하는 것은 국가적 경쟁력 있는 화장품을 만들기 위한 필수불가결한 단계이다. 특히 『동의보감』은 지난 2009년 7월 말 유네스코에서 세계기록문화유산에 등재하는 쾌거를 이룬 점에서 세계인이 인정하는 의서가 되었다. 2013년에는 동의보감 관련 엑스포가 국가적으로 치를 예정이므로 이에 대한 준비가 철저해야 할 것이다.

둘째, 한의학적 원리와 화장품의 만남이다. 한의학 원리에서 볼 때 인체의 피부는 오장육부의 기능이 드러나는 공간이며, 이 공간의 형색으로 오장육부의 건강 상태를 판단한다. 화장품을 피부에 바르는 행위는 한의학적으로 치료적 행위와 일맥상통하는 면이 있다. 그러므로 화장품을 발랐을 때 나타나는 현상은 한의학적으로도 중요한 연구 대상이 될 수 있다고 본다.

셋째, 화장품의 원료와 본초학의 만남이다. 한방화장품의 원료는 대부분 한약물이다. 한약물이기에 인체와 반응할 때 한의학적 설명 방식으로 해설이 가능하다. 한약물에 대한 여러 요소들을 정리한 본초학 서적들 가운데 우리나라에서는 『증류본초』, 『본초비요』, 『본초강목』 등의 서적들이 많이 활용되었지만, 기존의 의서에도 본초학 관련 내용들이 정리되어 있으므로 이 서적들을 활용하면 될 것이다.

넷째, 화장 관련 인물사이다. 역사 속에서 화장을 했던 인물의 기록을 찾아 그때 사용한 화장품과 기법에 대한 연구는 화장 관련 콘텐츠의 기초분야를 더욱 넓히게 될 것이다. 화장 관련 인물이라면 화장품 관련 자료를 정리한 인물, 화장품을 사용한 인물, 화장품을 만든 인물, 화장을 통해 자신의 삶과 국가를 변화시킨 인물 등 다양할 것이다.

다섯째, 화장 도구의 역사이다. 화장에 사용한 도구들은 역사적 유물로서의 가치뿐 아니라 문화사적 가치가 담겨 있다. 화장품을 담는 용기에서부터 화장대, 화장품 운반용 가방, 거울, 화장용 기구 등으로 화장 문화에 대한 연구가 더욱 풍요로워질 것이다.

여섯째, 화장과 한의학적 치료법의 만남이다. 화장粧 하는 행위와 한의학에서 사용하는 외과적 치료법은 일맥상통한다. 화장품을 피부에 바르는 것은 외과에서 고약, 탕약 등 외용제를 사용하는 것과 통하는 면이 있다. 또한 안마법으로 피부를 마사지하는 방법도 화장의 개념과 밀접하게 연관되어 있다.

일곱째, 피부 미용과 한의학적 식이요법과의 만남이다. 음식으로 하는 양생법에 대해 사회적 관심이 높아지고 있는 요즈음, 한의학적 식이요법에 따른 피부 미용이 점점 늘어남에 따라 그 콘텐츠 또한 가치가 높아지고 있다. 화장품 이외에 보조적으로 활용하는 피부 미용 식이요법은 화장 효과를 극대화하기 위한 우리 조상들의 지혜의 보고이다.

여덟째, 피부 미용과 한의학적 양생술의 접목이다. 한의학에서는 양생의 방법으로 도인안교(導引按?, 팔다리운동과 함께 안마를 하는 치료 방법) 등 육체적 운동과 계절에의 순응, 절제된 삶, 정신적 안정 등 다양한 수양 방법을 제시하고 있다. 이러한 방법들은 피부의 건강상태와 밀접하게 연관되어 있으므로 피부 미용에 활용할 수 있는 방안을 연구해 볼 가치가 있다.

아홉째, 운명학과 화장의 만남이다. 인상은 그 사람의 운명을 결정하는 여러 요소 가운데 매우 중요한 요소로 손꼽힌다. 화장 또는 성형

한의학의 이미지를 상징하는 한약장과 각종 화장품 자료들을 같이 배치하니 그럴듯하게 어울린다.

수술은 운명의 변화를 가져오는 대표적인 인위적 방법이다. 그러므로 화장법에 따라 그 사람의 삶의 문제점도 극복할 수 있다. 한의학은 특별히 안면을 인체의 축소판으로 생각해 각종 진단법과 그에 따른 치료 방안을 연구해 왔다. 그러므로 이러한 연구 성과를 화장에 접목시키면 신개념 화장에 대한 콘텐츠를 개발할 수 있을 것이다.

한의학적으로 본 한방 화장품의 효과

　화장품을 단순히 피부에 발라서 그 바탕을 위장하는 도구로만 본다면 이는 화장품을 광고판에 칠하는 페인트 정도로 여기는 것과 다름없다. 피부에 화장품을 발랐을 때 우리가 눈으로 확인할 수 없는 온갖 화학적 반응이 피부에 일어나 인체 내부에까지 작용할 수 있으므로 인체에 미치는 영향이 크다. 게다가 화장을 하여 변화된 모습은 인생에 새로운 기회를 마련해줄 수도 있으므로 개개인에게 사회문화적 의미도 크다.
　한의학적으로 화장품 효과를 논의하는 것은 일종의 시험적 시도라 할 수 있다. 한방 화장품이라면 화장품의 개념을 한의학적으로 접근하는 것이 당연하다. 어떤 행위든 행위자의 의도에 따라 결과는 천차만별로 달라질 수 있다. 한방 화장품을 발랐을 때 나타나는 현상을 정리한 자료를 소비자에게도 전달한다면 기존 화장의 개념을 한 차원 뛰어넘는 새로운 차원의 화장 개념을 보급하는 효과를 얻을 수 있다.
　한의학적으로 본 화장품의 효과는 다음과 같다.

첫째, 경락의 자극이다. 경락經絡이란 온몸을 순행하는 기혈의 통로이다. 12경맥經脈, 12경맥의 순행을 돕는 기경팔맥奇經八脈, 15낙맥(絡脈, 경맥에서 갈라져 나와 온몸에 퍼져 있는 가늘고 작은 가지), 손락(孫絡, 낙맥에서 갈라져 따로 흐르는 가지) 등 이 체계에 속하는 부속 맥들이 많지만, 이 모두 순환하면서 인체의 기운을 고르게 유지시켜주고 있다. 따라서 한방 화장품을 바르는 순간 화장품이 경락에 작용하게 되어 경락의 변화를 일으킨다. 화장품 성분이 경락에 파고들어 순환이 활성화되어 전신에 활력을 불어넣어 주는 것이다.

둘째, 화장품을 바르는 행위에 따른 안마 효과이다. 손바닥에 화장품을 덜어내어 두 손으로 비벼 얼굴과 전신의 피부에 바르는 과정은 마치『동의보감』의 '안마법(按摩法, 면문面門)을 연상시킨다. 화장품의 효과적 도말뿐만 아니라 화장을 하면서 부수적으로 얻는 안마 효과까지 염두에 둘 때 화장품을 어떻게 바르느냐는 화장 효과에서 중요한 변수로 작용한다.

셋째, 기혈氣血의 순환이다. 인체는 기氣와 혈血로 구성되어 있다. 기는 양이며 혈은 음이다. 기가 혈을 선도하므로 기가 운행하면 혈도 따라서 운행한다. 그러므로 피부의 잡티나 피멍 같은 것들은 기를 운행시킴으로써 치료가 가능해진다. 한방 화장품을 피부에 발랐을 때 기의 활성도가 높아지면 그 기의 운행에 따라 울체된 혈이 사라지는 것은 이러한 원리에서이다.

넷째, 화장품을 통해 일어나는 정신적 변화이다. 화장품은 단순히 피부를 덮어주는 것이 아니라 피부의 특정 부위와 연결된 해당 장부에

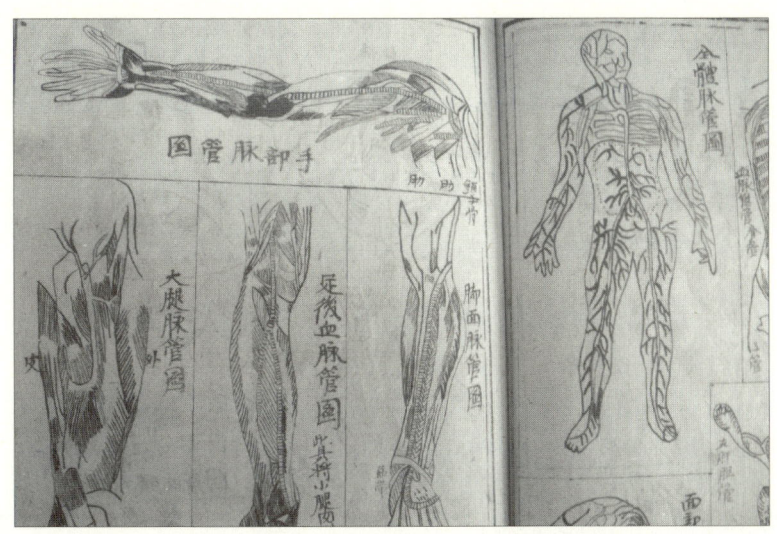

벤저민 홉슨의 『전체신론全體新論』에 나오는 인체 조직 그림

까지 영향을 미친다. 오장五臟은 오신五神인 혼신의백지魂神意魄志를 각각 저장하고 있기에 오장은 곧 정신작용의 주체이다. 그러므로 화장품을 바른 부위와 연결된 장부가 저장하고 있는 오신에 변화를 일으키게 되는 것이다.

다섯째, 화장품에 따른 보호작용이다. 사기邪氣가 가장 먼저 침범하는 부위는 피부이다. 피부를 '방어의 최일선'이라고 말하는 것도 각종 감염증이 피부를 통해 시작되기 때문이다. 한의학에서 피부는 풍한서습조화風寒暑濕燥火의 외감성外感性의 사기邪氣가 침범하는 부위이다. 특히 몸이 허약해져 있는 상태에서는 땀구멍이 성글게 되어 사기가 침범하기 쉬운 상태에 있다고 본다. 화장품을 피부에 골고루 잘 발라서

한방화장품 개괄

피부의 사기를 막아내는 역할을 극대화한다면 각종 감염에서 인체를 안전하게 지킬 수 있다.

여섯째, 화장품에 따른 질병 치료작용이다. 화장품은 일종의 약물이므로 피부에 발랐을 때 치료효과가 나타날 수 있다. 이는 외용제를 피부에 발랐을 때 나타나는 효과와 유사하다. 한의학에서 외용제를 직접적으로 피부병에 사용하기도 하지만 내상성 질환, 정신적 질환 등에도 사용할 수 있는 것은 이러한 효과와 관련이 깊다.

한의학적에서 피부는 어떤 의미를 갖는가?

한방화장품이 도말되는 피부는 어떤 의미를 띠는가? 이는 한방화장품의 대상이 바로 피부라는 점에서 중요한 의미를 가진다. 피부가 인체에서 차지하는 한의학적 의미를 다시 한 번 짚어보는 것은 피부미용의 한의학적 의의를 정리하는 데에 중요한 요소이다.

아래에서 한의학적으로 피부가 차지하는 의미를 정리해본다.

장부의 상태를 외부로 표출하는 공간

오장육부五臟六腑의 상태는 체표에 끊임없이 드러난다. 다섯 장부의 색인 청적황백흑靑赤黃白黑의 오색五色은 건강 상태에 따라 삶의 색과 죽음의 색으로 나타난다. 윤기가 있으면서 황색을 띠는 것이 건강한 삶의 색이며, 짙고 거무튀튀한 색을 띤 기분 나쁜 색은 죽음의 색이다. 색조 화장은 자연적 건강미를 표현하는 데에 중점을 두어야 한다. 잘못된 색조 화장으로 환자의 모습을 띠어서는 안 될 것이다.

경락이 이어져 있는 공간

경락은 인체에 그물망처럼 흐르는 기혈의 통로이다. 경락을 통해 흐르는 기운 상태는 피부의 색과 윤기의 정도로 표출된다. 경락은 또한 오장육부와 밀접한 관련이 있다. 경락 중간중간에 있는 경혈經穴에 침을 놓아 내부의 오장육부를 치료하는 원리가 바로 경락학설을 구성하는 이론체계이다.

피부의 색이 노니는 곳

사람의 인상은 그 피부에 드러난 색으로 결정된다. 피부의 색은 건강상태의 표징이기에 피부의 색을 관리하는 것이 중요하다. 반대로 피부를 관리하기 위해 피부 미용제와 같은 각종 도말제를 발랐을 때 나타나는 효과는 인체 전신으로 파급된다. 피부로 드러나는 색을 결정하는 것은 인체의 오장육부이며, 오장육부의 상태는 칠정(七情, 정신적 상태), 음식(먹고 마시는 것), 움직임(거처, 노동 등), 선천적 품부(체질)에 따라 차이가 있다. 한방화장품을 사용하는 사람은 이러한 요소를 함께 고려해서 피부미용에 활용한다면 좋은 성과를 얻을 수 있을 것이다.

기혈의 놀이터

기혈은 기운과 혈액을 아우르는 용어이다. 한의학에서 기혈은 인체

생리의 기초적 대사물질이라는 의미가 있다. 기혈은 피부를 순행하여 인체의 생리를 운용한다. 기혈이 제대로 소통될 때 피부는 잡티 없이 깨끗하게 유지된다. 만약 피부에 각종 피부계통 장애가 발생한다면 한의학에서 기혈의 소통을 원활하게 해주는 치료법을 사용한다. 외용제, 내복약, 침과 뜸, 부항요법, 안마요법, 목욕요법, 운동요법, 도인안교 등이 그 치료법이다.

진액의 윤기를 먹고 사는 곳

진액이 충실하게 차 있으면 피부에 윤기로 드러난다. 윤기는 인체의 신장 계통 기능이 왕성하다는 것을 보여준다. 젊을수록 피부에 윤기가 흐르고 늙을수록 피부가 거칠어지는데, 이는 나이가 들수록 신장의 기능이 위축되기 때문이다. 피부에 피부미용을 위한 화장품으로 윤기를 공급하는 것은 그 반대의 작용으로 신장의 기능을 도와줄 수 있다.

사기의 침범을 막아주는 곳

피부는 외부에서 사기邪氣가 가장 먼저 감염되는 통로이다. 피부의 땀구멍이 열려 있을 때 찬바람을 맞아 감기가 바로 드는 경험을 한 적이 있을 것이다. 피부에 피부미용제를 바르는 것은 땀구멍과 모발을 관리한다는 의미가 포함되어 있다. 피부로 들어오는 각종 기운을 사전에 막아주는 것이 질병에 대한 예방법이다.

정신적 상태가 드러나는 곳

 분노, 흥분, 슬픔 등이 피부로 드러나는 것을 경험한다. 피부가 수척해지고 거칠어지면 사람들은 그 사람의 현재의 정신적 상태를 가늠한다. 기쁜 마음으로 즐겁게 세상을 살 때 피부에 윤기가 흐르고 생동감이 넘치는 것을 느낀다. 한방화장품을 바를 때 그 화장품이 피부에 들어가 해당 장부에 영향을 주어 장부의 신神에 변화를 일으킨다는 사실을 떠올릴 필요가 있다. 화장품을 바른 뒤에 느껴지는 상쾌함, 정신적 안정 등은 이러한 효과의 하나로 볼 수 있다.

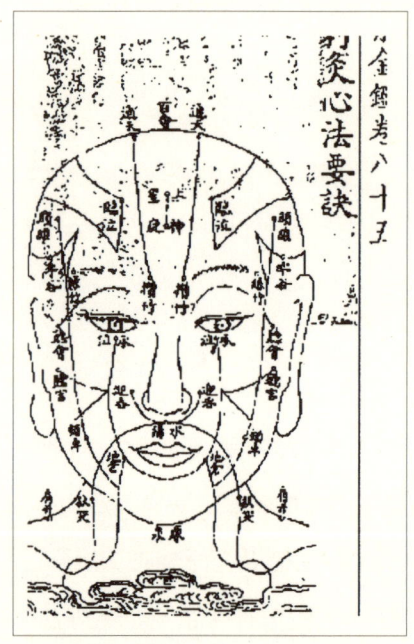

의종금감(1742년)에 실려 있는 '전면요혈도'

한방 피부미용의 의의, 방법과 기능

한방화장품이 시판되어 전 세계적으로 유통되고 있는 시점에서 한방적으로 피부미용을 정의하는 작업이 필요하다. 이를 시론적으로 정의해본다.

한방 피부미용의 의의

한방 피부미용은 얼굴과 전신의 피부를 한의학적 방법을 이용해 피부의 생리적 기능을 유지하고 보호해주는 분야이다. 여기에는 피부를 질병으로부터 예방하고 관리함으로써 피부의 건강과 아름다움을 유지하고 개선하는 한의학적 방법들이 모두 포함된다.

한방 피부미용의 방법

한의학적 이론을 바탕으로 한방화장품, 한방연고, 한방팩, 마사지

(12경락, 12경근, 12피부 등에 시술하는 방법), 한약물요법, 양생도인법, 생활개선법, 한방심리요법, 한방음악치료 등이 포함된다.

한방 피부미용에서 본 피부미용의 기능

1) 피부의 외부와 소통하는 기능

한의학에서 피부는 외부와 단절된 공간이 아니라 외부의 좋은 기운은 받아들이고 나쁜 사기는 물리치는 작용을 통해 인체의 육체적·정신적 건강상태를 유지하주는 곳이다. 한방화장품은 이러한 외부와의 소통작용이 극대화 될 수 있도록 천연약물을 소재로 하면서 통기성도 강해야 한다.

2) 피부 보호의 기능

한의학에서 피부는 외부로부터 사기가 침범하는 부위로 본다. 이에 따라 피부가 외부의 나쁜 사기를 미연에 막아주는 방어막 역할을 제대로 수행하지 못하면 질병이 발생하게 된다. 한방화장품에서 피부 보호 기능을 중요하게 여기는 것은 이러한 한의학적 원리에 근거한다.

3) 인체 내부의 상태가 표출되는 기능

한의학에서 피부는 전신의 인체 내부의 상태를 표상하는 공간이다. 그러므로 내부의 오장육부, 조직, 혈액, 진액 등의 상태는 그대로 피부로 표출된다. 피부에 드러나는 색깔은 건강상태를 겉으로 표출하는 것

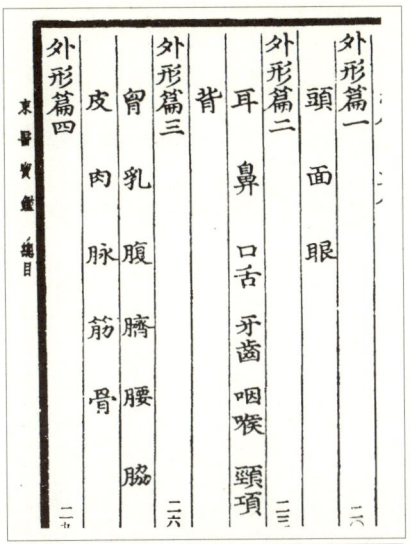

한방피부미용의 방안을 제시하고 있는 『동의보감』 외형편의 목차

이므로 이를 잘 감지한다면 건강관리법의 지표가 될 수 있다. 아울러 한방 피부미용법으로 내부 기능을 변화시켜 건강상태를 유지해갈 수 있다.

4) 정신적 상태가 표출되는 기능

사람의 감정에 따라 기운의 변화가 일어난다. 기쁨, 분노, 근심, 생각, 슬픔, 놀람, 공포 등의 감정의 변화(이를 한의학에서는 칠정七情이라고 한다)는 해당 장부의 변화와 전신적 기운의 변화를 일으켜 이 변화가 피부로 드러나게 된다. 그러므로 감정을 조절하는 것도 피부미용의 한 방법이 될 수 있다.

한방화장품을 사용하는 목적 가운데 중요한 요소는 피부 관리를 통해 감정의 평정을 유도하는 것이 다. 한방화장품을 사용하면서 생겨나는 심리적 안정감, 육체적 쾌적함 등이 감정의 조절로 연결되어 피부미용 작용이 극대화를 이룬다.

한방 피부미용의 영역과 요법

한방 피부미용에서 다루는 영역은 무엇이고, 그에 해당하는 요법은 무엇인가? 이에 대해 정확한 정의가 필요한 시점이다. 다음에서 그 정의를 살펴본다.

한방 피부미용의 영역

1) 안면에 대한 관리

얼굴의 피부 색깔과 조직 상태 등을 관리하는 것이 중요한 영역에 속하므로 피부에 생기는 여드름, 각질 등의 제거와 보습, 주름 제거 등도 중요한 대상이 된다.

2) 전신 관리

한의학은 몸 전체를 전일적全一的으로 연계하는 개념으로 파악한다. 전신의 건강상태가 피부로 나타나게 되며, 그 건강상태가 궁극적으로 얼굴에 드러난다는 점에서 전신 관리는 매우 중요한 방법론이다.

3) 모발 관리

한의학에서 모발은 '피의 나머지(血之餘)'라고 한다. 인체의 혈액 상태는 모발의 색과 윤기로 나타나기에 모발의 관리는 전신 혈액의 관리와 연결된다. 한방 샴푸 등을 활용하는 관리가 하나의 방안이 될 수 있다.

4) 메이크업

한방화장품을 도말함으로써 얼굴의 결점을 보완하고 아름다운 얼굴로 꾸미는 것은 한의학에서 추구하는 자연미를 표현하는 방법이다.

5) 양생 관리

평소 절제된 규칙적인 생활을 한다면 한방화장품의 효과를 더할 수 없이 크게 얻을 수 있다. 이를 위해 음식 조절, 감정 조절, 생활의 규칙화 등 양생의 원칙을 효율적으로 적용해야 한다.

6) 심신조화적 피부관리

정신과 육체는 밀접한 관계가 있기에 정신적 갈등은 피부의 색깔과 조직의 변화로 그대로 드러난다. 심신이 조화될 수 있도록 한의학적 명상, 기공, 수양 등을 병행한다면 피부는 합리적으로 관리할 수 있다.

한방 피부미용의 요법들

1) 한방화장품

한약을 원료로 하고 한의학적 콘셉트를 갖춘 공인된 업체의 한방화장품은 피부미용에 가장 적합한 화장 재료이다.

2) 목욕요법

미용을 추구하도록 목욕물에 한약재를 집어넣으면 피부에 작용하여 효과적이다.

3) 한방 샴푸

한약재를 원료로 하는 샴푸를 제조하여 이를 모발관리에 사용한다.

4) 향기요법

한약재의 향기를 활용해서 피부를 관리하는 방법을 연구한다. 향기를 직접 맡는 것과 한약재를 태운 연기를 피부에 작용하도록 하는 훈증방법 등이 가능하다.

5) 약물요법

피부 미용효과가 있는 한약재를 직접 복용하는 방법이다.

6) 마사지 요법

피부를 따라 이어져 있는 경락을 마사지하여 기혈의 소통을 촉진해, 피부미용을 증진하는 방법이다.

7) 침뜸요법

침과 뜸은 한의사들의 전문 영역이기에 전문 한의사들에게 침뜸 요법을 받아 피부미용을 증진하는 방법이다.

8) 삼림욕

산과 들의 숲에서 품어 나오는 기운은 인체에 긍정적 영향을 미치기에 이를 활용하는 방법은 한의학적 원리와 일맥상통한다.

9) 온천욕

온천에 포함된 광물성 성분들은 예로부터 한의학에서 활용된 약재들이다. 한의학에서는 수천 년간 이들 광물성 약재들을 활용한 치료 방안을 만들어왔다.

10) 기공양생법

기공은 전신의 기운을 소통시켜 건강을 이루어내는 방법으로 한의학에서 중요 요법으로 사용되고 있다. 기공을 통한 전신의 건강 증진은 피부 미용에 긍정적 영향을 미칠 수 있다.

여인들의 목욕 장면이 실려 있는 신윤복의 「여인도」

11) 심신수양적 방법

정신적 안정과 감정 조절 방법을 익히는 것 또한 피부미용에 적극 활용할 수 있는 방법이다. 편벽된 감정은 피부의 색조를 혼탁하게 하여 아름다움을 해친다.

한방화장품의 기준에 대해서

'한방화장품'이라는 단어는 '한의학적 화장품'의 한 장르를 가리킨다. 화장품은 화장품인데 '한방', 즉 '한의학'적 콘셉트로 구성된 화장품의 브랜드가 되는 것이다. 이 단어를 어떻게 정의하는가에 따라 그 단어에 내포된 의미론적 구조가 달라져 이와 관련한 각종 사안들이 바뀌게 된다. 이제 이 단어에 대해 정확하게 따져보아야 할 시점이 아닌가 싶다.

다음은 한방화장품의 정의와 관련된 사안들을 정리한 것이다. 이는 한방화장품 정의에 대한 연구의 기초를 마련하기 위함이다.

한방화장품의 이론적 근거

- 한방화장품은 경락학설, 장상학설, 운기학설, 영위기혈학설, 천인상음사상 등 한의학적 이론을 바탕으로 만든 제품이다.
- 한국에서 한방화장품의 이론적 근거는 『동의보감』 등 의서醫書에

따른다.
- 역사서인『삼국유사』,『삼국사기』,『고려사』,『조선왕조실록』,『승정원일기』 등에 나타나는 화장품 관련 자료들도 역사 · 문화적 기준 설정에 기초가 된다.

한방화장품의 지역적 의의

- 한방화장품은 한국에서 생산하고 있다는 점에서 한국적 색깔을 갖고 있는 화장품이다.
- 아울러 한국의 지역적 환경으로 계속 작용해온 동아시아라는 문명공동체의 공통된 문화적 동질성도 직간접적으로 영향을 미쳤다.
- 동아시아 문명 교류를 통해 상호간에 화장품 문화의 형성과 발전에 영향을 미친 국가로는 한국, 중국, 일본, 대만, 몽고, 베트남 등이다.

한방화장품의 원료적 의미

- 한방화장품의 원료는 자연에서 생산되는 한약재이다.
- 한약재를 활용해 각종 방법으로 가공되어 화장품으로 활용할 수 있도록 변형된 형태도 이에 포함된다.

한방화장품의 방법론적 의의

- 한방화장품은 한의서에서 제시하는 방법에 따라 사용해야 한다.
- 12경맥, 12피부, 15락맥, 12경근 등의 이론을 바탕으로 도말되는 것을 원칙으로 한다. 이 부분에 대해서는 뒤에서 자세히 다루기로 한다.

한방화장품의 사용 목적

- 천연적 아름다움을 드러내기 위함이다.
- 피부에 지나친 자극을 주지 않고도 자연 그대로의 아름다움을 표현하기 위함이다.
- 내부의 오장육부와 소통하여 신체 건강에도 도움이 되도록 한다.
- 정기신의 조화를 이루어 생리적 활성도를 상승시키도록 한다.
- 화장품을 사용함으로써 정신적 쾌적함을 누리도록 한다.

2

우리 역사 속에 보이는
한방화장품과 피부미용

단군신화에 나타난 쑥과 마늘의 피부미용 효과

고려시대高麗時代 충렬왕忠烈王 7년인 1281년에 승려僧侶 일연一然이 지은 『삼국유사三國遺事』는 강한 민족의식을 바탕으로 한 역사서이다. 여기에는 다음과 같이 단군신화가 기록되어 있다.

환웅이 무리 3천 명을 이끌고 태백산 꼭대기 신단수의 아래에 내려와 신시라고 하였으니, 이분이 환웅천왕이다. 풍백 · 우사 · 운사를 거느리고, 곡식 · 수명 · 질병 · 형벌 · 선악 등을 주관하고, 무릇 인간의 360여 가지 일들을 주관하여 세상을 교화시켰다. 이때 곰 한 마리와 호랑이 한 마리가 같은 굴속에서 기거하고 있으면서 항상 환웅에게 사람이 되기를 기원하고 있었다. 이에 환웅이 쑥 한 자루(炷)와 마늘 20쪽(枚)을 주면서 이것을 먹고 100일 동안 햇빛을 보지 않는다면 사람이 될 것이라고 하였다. 곰과 호랑이는 쑥과 마늘을 받아서 먹어 21일간 금기를 지켜 곰은 여인의 몸으로 변하였고, 호랑이는 금기를 지키지 않아 사람 몸으로 변하지 못하였다. 여인으로 변한 웅녀는 결혼할 남자가 없어서 신단수 아래에서 아이를 갖게 해달라고 기도했다. 이에 환웅이 사람으로 변해 혼인하고 아이를 잉태하니, 이 아이를 단군왕검이라고 불렀다.(雄率徒三千, 降於太白山頂神壇樹下. 謂之神市. 是謂桓雄天王也. 將風伯雨師雲師, 而主穀主命主病主刑主善惡. 凡主人間三百六十餘事. 在世理化. 時有一熊一虎, 同穴而居. 常祈于神雄, 願化爲人. 時神遺靈艾一炷蒜二十枚曰, 爾輩食之, 不見日光百日便得人形. 熊虎得而食之, 忌三七日, 熊得女身, 虎不能忌, 而不得人身. 熊女者無與爲婚, 故每於壇樹下, 呪願有孕, 雄乃假化而婚之, 孕生子, 號曰壇君王儉.)

단군신화는 몇 가지 측면에서 의학적으로 가치가 있다.

첫째, 샤먼(巫)의 존재이다. "곡식·수명·질병·형벌·선악 등을 주관하고, 무릇 인간의 360여 가지 일들을 주관하여 세상을 교화시켰다"는 말에서 알 수 있듯이 환웅천왕의 샤먼적 요소이다. 샤먼은 사제 (司祭, Priest), 의무(醫巫, Medicine man), 예언자(豫言者, Prophet)의 다중적 의미를 띤다. 둘째, 의학적 요소이다. 곰과 호랑이가 기도한 것, 웅녀가 신단수 아래에서 주원(呪願, 주문을 외며 빎)한 것 그리고 삼칠일 三七日 동안 쑥과 마늘만 먹고 금기를 지켜 여성의 몸을 얻은 것 등을 들 수 있다. 셋째, 쑥(靈艾)과 마늘(蒜)의 약물에 대한 기록이다. 쑥과 마늘에 대해서는 중국의 경우에도, 진한시대에 완성된 책으로 알려진 『신농본초경神農本草經』에는 없고, 후한 말기의 『명의별록名醫別綠』에 등장한다. B.C. 2333년 시작된 단군신화에 이 두 약물이 기록된 것은 한국 한의학의 독자적 전통을 보여주는 소중한 증거자료이다.

또 하나 덧붙여 이야기한다면, 쑥과 마늘의 효과에 대한 부분이다.

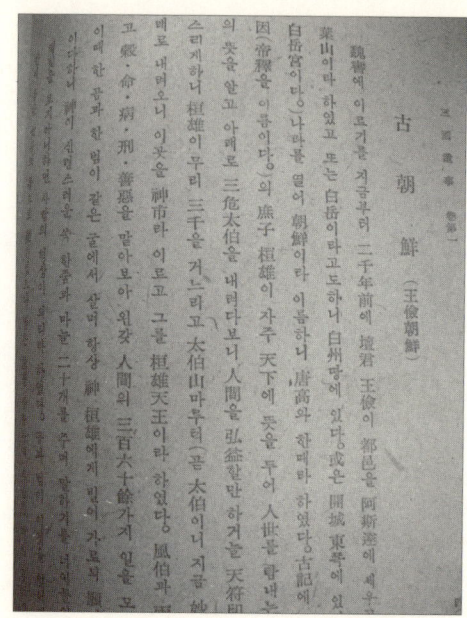

『삼국유사』에 나오는 단군신화.

"쑥 한 자루와 마늘 20쪽을 주면서 이를 먹고 100일 동안 햇빛을 보지 않는다면 사람이 될 것이라 하였다"는 구절은 동물에서 사람으로 변신하는 것을 의미한다고 볼 수도 있지만, 화장으로 외형을 바꾸었다고 유추할 수도 있다. 사실, 동물이 사람으로 변신한다는 것은 현실적으로 어렵다. 다만 원시문명 상태인 곰 토템 부족의 여성이 화장품을 사용해서 문명인과 혼인한 것을 표현한 것이 아닌가 한다.

쑥과 마늘을 먹고 문명인이 반할 정도의 미모를 얻게 되어 문명인과 혼인해서 단군을 낳았다면, 이 두 약물은 미용에 활용할 수 있는 요소가 되는 것이다.

쌍용총 고분벽화의 연지 화장한 여인들

평안남도 용강군 쌍용총에는 연지를 뺨에 바른 세 여인들을 묘사한 그림이 있다. 이 여인들의 복식으로 보아 여관女官이나 시녀侍女 신분이라고 판단하는데, 모두 뺨에 연지를 발랐다는 점에서 화장한 것으로 보인다.

연지를 뺨에 바르는 풍속에 대해서는 여러 가지 학설이 있다. 임금에게 자신이 생리중이라는 것을 알리기 위한 궁녀들의 풍속에서부터 비롯되었다는 설, 악귀를 물리치기 위한 것이라는 설, 처녀성을 상징하기 위해서라는 설 등 다양하다.

『본초강목本草綱目』에 따르면, 연지는 연나라에서 비롯된 화장품이라는 의미에서 '燕脂'라고 표기한 것이라고 한다. 그 기원은 은殷나라 주왕紂王이 홍람화(紅藍花, 국화과에 속하는 두해살이풀로 잇꽃이라고도 한다), 즉 홍화紅花를 갈아 즙汁으로 해서 이를 응고시켜 연지를 만들어 궁녀들에게 발라주면서 시작되었다는 것이다.

『본초강목』에는 연지를 네 종류로 나누고 있다. 그 첫 번째는 홍람

쌍용총 벽화에 있는 뺨에 연지 바른 여인들

화즙(紅藍花汁, 홍화즙)을 호분胡粉에 물들여 만든 연지, 두 번째는 산연지화즙山燕脂花汁을 가루에 물들여 만든 연지, 세 번째는 산유화즙로 만든 연지, 네 번째는 자광紫鑛을 면綿에 적셔서 만든 연지이다. 그리고 이 네 가지 모두 '혈액의 질병(血病藥)'을 치료하는 약에 섞어서 사용했다고 한다. 연지의 주치증主治症에 대해서도 "어린아이 귀에서 진물이 나올 때 즙액에 묻혀서 귀 속에 떨어뜨려 준다. 피를 살리고 천연두의 독을 풀어준다(小兒聤耳, 浸汁滴之. 活血, 解痘毒.)", "천연두의 기운이 눈으로 들어가는 것을 막아준다(防痘入目)"고 했다.

대체로 연지의 원료는 홍람화, 즉 홍화이다. 『동의보감』에서 홍화는 주로 "출산 후의 빈혈로 어지러운 증상, 배 안에 죽은피(死血)가 다 빠지지 않아서 꼬이듯이 아픈 증상, 아기가 배 속에서 죽은 경우(産後血暈腹內惡血不盡絞痛胎死腹中)" 등의 증상을 치료하는 데 쓰인다고 언급한다. 그리고 연지의 효능에 대해서는 "심장에 들어가 피를 맑게 하거나 보호하는데, 많이 사용하면 피를 깨부순다(入心養血, 多用則破血)", "많이 사용하면 피를 깨부수고 적게 사용하면 피가 맑아진다(多用破血少用養血)"고 하였다.

이러한 의서들의 기록을 종합해볼 때 연지의 원료가 되는 약물이 피부에 닿으면 피의 활성도를 높여주어 피부의 건강을 좋게 해주는 작용을 일으킨다는 것을 알 수 있다. 얼굴의 두 뺨 부위는 인체에서는 간폐肝肺의 부위에 속하는 것으로 본다. 간과 폐는 인체의 근육과 피부를 주관하는 장부이다. 그러므로 연지를 뺨에 바르는 것은 근육과 피부에 흐르는 혈액의 활성도를 높여주는 작용을 하는 셈이다.

연지를 원료로 하는 화장품은 얼굴을 예쁘게 해줄 뿐 아니라 피부 건강에도 좋다고 하는 것은 모두 이러한 이유에 있다.

선덕여왕과 모란꽃 향기

이름이 덕만德曼인 선덕여왕(632~646 재위)은 제26대 진평왕의 딸로 신라 최초의 여왕이다. 선덕여왕의 예지 능력에 대한 일화는 유명하다. 선덕여왕이 왕위에 오르자 당나라 태종太宗이 모란꽃 그림을 보내왔다. 그 그림을 보고 여왕은, 그 꽃이 아름답기는 하지만 향기가 없을 것이라고 말했다. 그 이유를 묻자 나비가 없기 때문이라고 하였다.

이 일화에 대해『삼국유사三國遺事』에서는 다음과 같이 적고 있다.

선덕여왕善德女王이 즉위하니 당제(唐帝, 당나라의 태종)가 모란 그림을 보내왔다. 왕이 "그린 꽃에 나비가 없으니 이 꽃에 향기가 없음을 알겠다. 당제가 나의 짝이 없음을 놀리는 것이다"고 하였다.

이는 선덕여왕이 당 태종이 보낸 모란 그림에 나비가 없는 것을 보고 자신에게 배필이 없음을 조롱한 것이라고 말하는 장면이다. 여자가 짝이 없는 것도 향기가 없기 때문이라는 논리와 상통하는 것이다. 선덕여왕은 뛰어난 미모로 백성들의 신망이 두터웠던 인물이다. 그녀가 백성들에게 미인으로 칭송된 데에는 그녀의 바탕 인물이 아름다웠을 뿐만 아니라 뛰어난 화장술도 한몫했음이 틀림없다. 특히 당태종이 보낸 목단(모란) 그림에 나비가 없는 것을 보고 그 꽃을 향기 없는 꽃이라고 간파한 것은 그녀가 얼마나 향기의 작용에 대해 평소부터 민감하게 인지하고 있었는지를 보여주는 대목이다. 이러한 일화를 종합해보면, 선덕여왕은 나름대로 향수를 사용해 왔기에 향기의 작용에 대해 직감적으로 반응하여 논평할 만큼 높은 인식을 가지고 있었음을 알 수 있다.

삼국시대에 향수를 어떻게 활용했는지에 대해서는 몇 가지 실마리를 찾아볼 수 있다. 먼저, 불교에서 전래된 목욕재계의 관습으로 비누에 해당하는 조두澡豆를 널리 사용했으며 향香을 피우는 습관도 널리 유행했다. 향기를 내는 방법으로 향로香爐에 향기가 나는 약물을 올려놓고 피우는 방법과 옷고름 또는 허리춤에 향낭香囊을 차고 다니는 방법이 널리 사용되었다. 종교와 제사의식뿐 아니라 일상에서도 향이 널리 활용되었다.

선덕여왕의 이 이야기는 이 시기 신라인들의 향기에 대한 인식의 한 단면을 보여주며, 아울러 선덕여왕 자신의 향기에 대한 친밀도를 보여준다. 선덕여왕이 백성들에게 크게 인기가 있었던 것은 그녀의 화장에 대한 감각 때문은 아니었을까 생각한다.

신라시대 기파랑과 피부미용

충담사忠談師가 지은 「찬기파랑가讚耆婆郎歌」의 주인공 기파랑耆婆朗 은 신라시대의 화랑이었다. 화랑은 심신수양을 목표로 하며 남성들로 구성된 단체였음에도 화장을 많이 한 것으로 알려졌다. 이 노래는 『삼국유사三國遺事』, 「경덕왕 · 충담사」에 나온다.

헤치고 나타난 달이, 흰 구름 좇아 떠가는 것 아닌가?
새파란 시내에, 기파랑의 모습 잠겼어라.
일조천 조약돌에서, 낭이 지니신 마음 좇으려 하네.
아아, 잣나무 가지 드높아,
서리 모를 그 씩씩한 모습이여.

일찍이 『신라법사방新羅法師方』이라는 신라시대 의서에도 기파의왕 耆婆醫王이라는 용어가 등장하는데, 여기에는 동쪽을 향해 외는 주문과 함께 그 내용이 기록되어 있다. '기파耆婆'는 인도의 외과의사였던 지바카Jivaka의 한어음역漢語音譯이다. 지바카는 기원전 5세기경에 살았던 인도의 명의이다. 『불설내녀기파경佛說㮈女耆婆經』 등의 경전에 따르면 마가다(Magadha, 摩竭陀) 왕국의 빔비사라Bimbisara 왕과 유녀遊女 사이에서 태어났다고 한다. 그런데 당시 인도에서는 유녀의 몸에서 태어난 아기는 버리는 것이 관습이었다. 때문에 기파 역시 태어난 지 얼마 안 되어 길가에 버려지게 되었는데 다행히 아브하야(Abhaya, 無畏) 왕자가 그를 주워다가 길렀다. 기파는 태어날 때부터 손에 '침약낭鍼藥囊'을 들고 있었던 만큼 의학과 관련이 깊은 인물이다. 이후 그는 성장하면서 핑갈라Pingala라는 스승 밑에서 의술을 배웠다. 그의 의술이 얼마나 유명했는지는 많은 불경에 실려 있다. 그 가운데 12년에 걸친 만성두통을 관비灌鼻의 방법, 즉 코를 씻어 치료하였다든가, 빔비사라 왕의 치질痔疾 수술, 왕사성王舍城에서의 개두수술開頭手術, 구섬미국俱睒彌國 장자長者 아들의 개복수술 등이 대표적인 의술이며, 그밖에도 이루 헤아릴 수 없이 많다. 이는 곧 고대인도 의학에서 이루었던 외과의학의 성과를 바탕으로 한다. 특히 의학역사학자 아커크네이트Erwin H. Ackerknecht가 지적했듯이, 인도 의학에서 가장 화려한 발견은 이른바 몸 안의 '이물질'을 개복 또는 개두하여 제거하는 수술이었다. 이는 점성술의 판단으로 환자가 누울 방향을 잡고, 절개切開, 절제切除, 소파搔爬, 천자穿刺, 탐침探鍼 등의 기술을 사용했다.

    인도 명의 기파와 같은 이름을 사용했던 기파랑이라는 신라의 인물 또한 의학과 무관한 인물이 아니었음을 증명한다. 다만 왜 외과의사인 지바카의 이름을 사용했을까? 이는 신라의 화랑도가 외과와 관련한 지식을 많이 가질 필요가 있었던 것과 관계가 깊다. 경덕왕 시대는 이미 신라가 통일을 이룬 뒤이므로 전쟁 등에 따른 외과술이 필요하기보다는 화랑도들의 피부미용과 관련한 사안이 더 중요한 것이 아니었나 생각한다.

전쟁이 끝난 뒤라 사회적 주목을 받지 못한 화랑도들에게 화장을 통한 피부관리가 의학적 외과술보다 더 중요한 관심사였을 것이 분명하기 때문이다.

몸에서 향기가 난 신라시대의 국색 김정란

선덕여왕의 뒤를 이은 원성왕元聖王은 792년 8월 신라의 미녀美女 김정란金井蘭을 당나라에 바쳤다. 미인을 당나라 왕실에 바치는 것은 양국 외교 관계의 하나로 이루진 일이었다. 당나라 왕실은 그동안 신라가 미인을 보내올 때마다 이를 거절하여 돌려보내는 식으로 외교적 제스처를 취해오다가 돌연 김정란을 받아들였다.

한 가지 특이한 점은 김정란을 묘사할 때 "몸에서 향기가 났다"고 한 것이다. 국색國色이라고 표현한 것을 보면, 그녀의 얼굴이 아름답다거나 몸매가 뛰어난 것은 당연했을 테고, 특이한 요소로 '향기'를 그녀의 특징으로 꼽고 있다. 시각적으로 아름다운 것은 1차적 인상이며 냄새를 통해 아름답게 느끼는 것은 2차적 인상임에도, "향기가 났다"고 그녀의 특징을 묘사했던 것이다.

그 묘사는 김정란이 천성적으로 몸에서 향기가 났다고 생각할 수도 있겠지만, 그보다는 몸에서 향기가 나도록 관리해온 것이라고 판단하는 것이 더 타당성이 있어 보인다. 그녀의 이름이 '정란井蘭'인 것도 무

우리 역사 속에 보이는 한방화장품과 피부   53

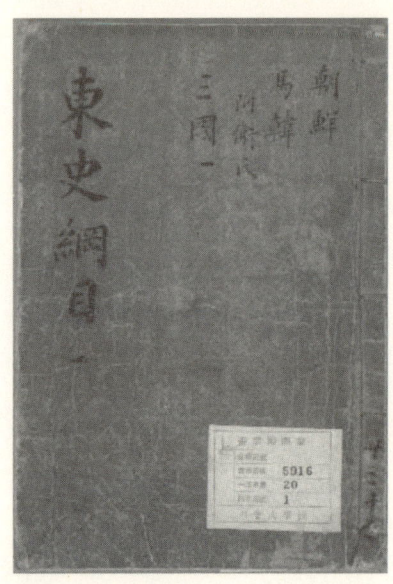
김정란에 대한 기록이 나오는 『동사강목東史綱目』

언가 암시한다고 본다. 분명 국색이라고 여길 만한 뜻으로 이름을 지었을 것이다. 국색이라고 소문이 자자할 정도라면 본명 대신 그에 걸맞은 이름으로 불렸을 테고, 이내 이름을 그렇게 개명했을 가능성도 크다. 그렇게 생각하는 이유는 '정井'과 '란蘭'이 피부미용과 밀접하게 관련된 단어이기 때문이다.

우물을 의미하는 '정井'은 우물물의 정결함을 표현하기 위함이고, 난초를 의미하는 '란蘭'은 목욕물에 널리 사용되었던 약초이다. 난초를 목욕물에 넣어 따뜻하게 데운 난탕蘭湯은 송나라 사람 서긍徐兢이 지은 『고려도경高麗圖經』에서도 고려의 중요한 목욕 약물로 언급하고 있고, 조선시대에도 널리 사용되었던 목욕 약물이다.

이러한 사실들을 종합해볼 때 김정란의 몸에서 났던 향기는 '난초 향기'였을 가능성이 크다. 그녀는 평소에 피부를 관리하기 위해 주로 난초물로 목욕을 했고 몸의 향기를 관리하기 위해 난초를 넣은 낭囊을 차고 다녔을 것이다. 『동의보감東醫寶鑑』에서 난초의 효능에 대해 "맛이 달고 성질은 차가우며, 그 기운은 맑고 향기가 있다. 진액이 생겨 갈증을 없애주고 기운을 북돋아주며 기육(肌肉, 근육)을 윤기 나게 한다. 『내경』에서는 오래 묵은 기운을 난초로 제거한다고 하였다(味甘性寒其氣淸香生津止渴益氣潤肌肉內經曰治以蘭除陳氣也)"라고 기록했다.

고려시대부터 민간에서 사용해온 해수욕 요법

이규보李奎報가 지은 『동국이상국집東國李相國集』에 「이병시理病詩」라는 시가 있다.

내가 지난 가을 8월 30일로부터 단독(丹毒, 피부에 빨갛게 부어오르는 증상) 같은 모양의 병이 생겨나 지금까지 130여 일이 되었다. 의원들이 약을 주어서 복용하였지만 효과가 없었다. 우연히 세속에서 말한 대로 바닷물로 목욕을 하였다. 그날 밤 곧바로 가려움이 없어지고 단단한 모래 같은 것들도 없어졌다. 이 때문에 시를 지어서 뭇 의사들에게 고하여 부끄럽게 여기도록 하고자 한다.(予自去秋八月三十日, 被病如丹毒者, 至今凡一百三十有餘日矣. 衆醫?藥無效. 偶用俚俗所言, 取海水浴之. 是夜便不?而如硬沙者皆去. 因作詩, 遍告衆醫, 令愧之.)

세속에서 말한 대로 바닷물에 목욕을 해서 자신의 병을 치료한 고려시대 학자 이규보의 시이다. 소금이 함유된 바닷물로 피부병을 치료한

체험을 체험을 표현한 것이다.

『동의보감』에서는 '염탕鹽湯'이라고 일컫는 소금물에 관한 단미요법單味療法을 몇 차례 언급하기도 했다. 다음은 그 가운데 하나이다.

얼굴에 생긴 온갖 색의 부스럼을 치료한다. 따뜻한 소금물에 담근 헝겊으로 부스럼을 눌러준다. 하루에 대여섯 번 해주면 저절로 낫는다.(治面上五色瘡溫鹽湯綿浸?瘡日五六度自差.〈本草〉)(「외형편外形篇」, '면문面門')

일체의 가려움증을 치료한다. 소금 한 말을 물 한 석(1석은 10말)에 반으로 줄일 때까지 끓여 따뜻하게 해서 세 번 목욕한다. ○ 가려움증에 소금만 한 것이 없다. 따뜻하게 해서 세 번 목욕한다. ○ 해수욕이 더욱 묘한 효과가 있다.(治一切風痒鹽一斗水一石煎減半溫浴三次○浴痒無如鹽濃煎湯浴身最妙〈綱目〉○海水浴尤妙.〈俗方〉)(「외형편」, '피문皮門')

소금물을 따뜻하게 해서 멍울이나 독이 오른 부기를 씻어준다. 두세 번 하는 것이 가장 좋다.(溫洗癰疽毒腫日二三次最妙〈俗方〉)(「잡병편雜病篇」, '옹저문癰疽門')

위의 기록들을 종합해보면 소금물은 가려움증, 부스럼, 멍울, 부기 등에 효과가 큰 것을 알 수 있다. 첫 번째 기록과 다르게 두 번째와 세 번째 기록은 모두 출전이 〈속방俗方〉으로 되어 있다.

또 눈에 띄는 점은 "해수욕이 더욱 묘한 효과가 있다(海水浴尤妙)"는

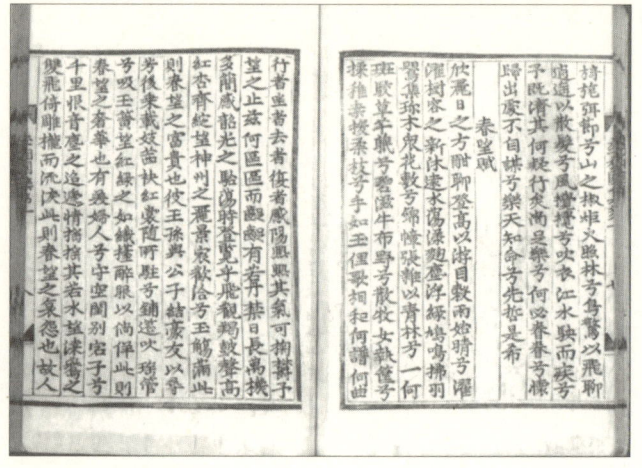

이규보의 『동국이상국집』

기록이다. 그리고 이 또한 출전이 〈속방〉이라는 점은 매우 놀라운 사실이다. 우리나라에서 피부병을 치료하기 위해 해수욕을 했다는 기록을 마침내 찾아낸 것이다.

현대에도 건강하게 하기 위해 '해수욕'을 권하는 경우가 종종 있지만 이는 이미 『동의보감』에 언급되어 있고 더욱이 그 출처가 민간의 〈속방〉이라는 사실은 감격스럽기만 하다. 〈속방〉은 우리나라 민간에서 활용한 전래의 치료방법을 말한다. 다시 말해, 한국 고유의 처방이라는 의미이다.

해수욕으로 피부의 각종 질환을 치료할 수 있다는 것이 『동의보감』에서 우리 전래의 치료방법으로 제시하고 있으므로, 이 방법을 한국 고유의 피부미용법의 하나로 개발함직하다.

『고려도경』에 나타난 고려시대 여인들의 모습

서긍徐兢은 송나라 사신으로 노윤적路允迪과 함께 1123년(인종 1년) 고려에 와서 1개월 동안 머물렀다. 이때의 기록을 다음 해에 책으로 엮은 것이 『선화봉사고려도경宣和奉使高麗圖經』이다. 『고려도경』이라고도 약칭하는 이 책은 고려시대 생활사를 연구하는 데에 중요한 자료이다.

특히, 20권은 '부인문婦人門'으로서 당시 고려 여인들의 생활상을 보여주는 자료이다. 여기에 「귀부貴婦」라는 글이 실려 있다.

부인들의 화장은 향유香油를 바르는 것을 좋아하지 않고, 분을 바르되 연지는 칠하지 아니하고, 눈썹은 넓게 그리고, 세 폭으로 된 검은 비단으로 된 너울을 쓴다. 폭의 길이는 8척이고, 정수리에서부터 늘어뜨려 다만 얼굴과 눈만 내놓고 끝이 땅에 끌리게 한다. 흰 모시로 포袍를 만들어 입는데 거의 남자의 포와 같다. 무늬가 있는 비단으로 만든 넓은 바지를 입고 안을 생명주로 받치니, 이는 넉넉하게 하여 옷이 몸에 붙지 않게 함이다. 감람橄欖 빛 넓은 허리띠(革帶)를 매고, 채색 끈에 금방울(金鐸)을 고려시대 화장 문화에 대한 내용을 담고 있는 서긍의 『고려도경』

달고, 비단(錦)으로 만든 향낭香囊을 차는데, 이 향랑이 많은 것을 귀하게 여긴다. 부잣집에서는 큰 자리를 깔고서 시비侍婢가 곁에 늘어서서 각기 수건手巾과 정병淨瓶을 들고 있는데, 비록 더운 날이라도 괴롭게 여기지 않는다. 가을과 겨울의 치마는 간혹 황견黃絹을 사용하는데, 어떤 것은 진하고 어떤 것은 엷다. 공경대부公卿大夫의 처와 사민士民의 처와 유녀(遊女, 기생)의 복색에 구별이 없다. 어떤 이가 말하기를 '왕비王妃와 부인夫人은 홍색을 숭상하여 더욱 그림과 수를 더하되, 관리나 서민의 처는 감히 이를 쓰지 못한다' 고 한다.

이 글에서 우리는 귀부인들 화장의 품새를 엿볼 수 있다. 바로 "분을 바르되 연지를 칠하지 않았다"는 내용인데, 이는 고려시대 귀부인들이 진한 화장보다는 자연미를 드러내는 연한 화장을 선호했음을 보여준다. 송나라 사람 서긍의 눈에는 고려 귀부인의 화장이 이채롭게 비쳤을 수도 있다.

기녀들에게 화장법을 가르치는 '교방敎坊'을 운영한 역사적 사실에서 이는 귀부인들과 기녀들의 화장이라는 이원적인 모습을 엿볼 수 있다. 교방은 중국식 제도를 모방한 기구로, 여악女樂과 기녀妓女를 관장했다. 여기에서는 주로 '분대화장粉黛化粧'이라는 화장법을 사용했으며, 자연미를 중요하게 여기는 여염집 아낙네들의 화장법과는 차이가 있다. 그리고 교방의 화장법 일부는 중국 화장법을 차용했을 수도 있었으리라 생각한다. 교방이 중국식 제도를 모방했다면 그 제도를 운영할 때 중국식 화장법의 일부가 차용되었을 수도 있기 때문이다.

기황후의 성공 신화

 원나라의 기황후奇皇后는 고려의 여인으로 원나라의 황후가 된 인물이다. 공녀貢女로 원나라에 가서 순제(順帝, 1320~1370)의 정실이 되어 실권자가 되었다. 기황후의 아버지 기자오奇子敖는 문하사랑평장사를 지낸 기윤숙의 증손이었다. 기황후는 공녀로 뽑혀 1333년 고려 출신 환관 고용보高龍普의 주선으로 원나라 황실의 궁녀가 되었다. 당시 황제였던 순제의 눈에 띄게 하기 위해서였다. 게다가 순제는 어린 시절 고려의 대청도大靑島에서 1년간 귀양살이를 했던 경험이 있었던 터라 기황후에게 친근한 감정을 갖게 된 것으로 보인다. 기황후는 1338년 아들 아이유시리다라愛猷識里答臘를 낳고 이듬해에 제2황후로 책봉되었다. 정변 가운데 실각한 계열에 속하는 제1황후는 허수아비에 지나지 않았으므로 기황후가 최고 권력자의 황후가 된 것이다.
 우리는 순제가 고려의 기황후를 총애한 과정에 대해 주목할 필요가 있다. 먼저, 순제가 어린 시절 고려에서 귀양살이를 했던 인물이기에 고려에 대한 향수가 있었으리라는 점이다. 고려 출신 환관 고용보는 이러한 이력을 잘 활용해 순제의 차를 따르는 궁녀로 기황후를 심어놓았다. 다음으로 순제의 눈에 잘 띄게 하는 방법이 무엇이었을까 고민했을 것이다. 궁중의 궁녀 가운데 미모가 뛰어난 인물이 많았으리라고 생각할 때, 기황후의 뛰어난 미모도 중요했겠지만 순제의 시선을 사로잡을 만한 중요한 요소가 분명 있었을 것이다. 아마도 기황후가 다른 궁녀들과 구별되는 고려인만의 개성이 아니었을까. 그러한 고려인의 개성에 기황후만의 독특한 고려풍의 화장법도 포함되어 있지 않았을까 생각한다.

고려시대에는 화장품이 발달했다. 이 시기에 만들어진 각종 청동거울, 청자유병, 토기유병, 청자향유병, 청자향합, 청자향로, 백자분합, 연지합, 청자연지합 등은 화장용 도구들이다. 자연미를 중요하게 여겨 분을 바르고 눈썹은 넓게 그리고, 연지를 바르지 않는 고려풍의 화장법은 당시 화려한 중국의 화장과 대비되어 순제의 눈에 충분히 이국적인 풍모로 비쳤을 것이다.

조선 2대 임금 정종의 피부에 대한 인식

『조선왕조실록』의 정종定宗 1년(1399년) 3월 13일자에 다음과 같은 기사가 실려 있다.

> 대사헌大司憲에게 격구(擊毬, 말을 타거나 걸어 다니면서 끝이 조금 구부러진 막대기로 공을 치던 무예)하는 까닭을 말하였는데, 임금이 조박趙璞에게 이르기를, "과인은 본래 병이 있어서, 잠저(潛邸, 임금이 되기 전의 시기) 때부터 밤이면 마음속으로 번민하여 자지 못하고, 새벽에야 잠이 들어 항상 늦게 일어났다. 그래서 여러 숙부와 형제들이 게으르다고 하였다. 즉위한 이래로 경계하고 삼가는 마음을 품어서 병이 있는 것을 알지 못하였는데, 근일에 다시 병이 생겨 마음의 기운이 혼미하고 늘어져서 피부가 날로 여위어간다. 또 내가 무관武官의 집에서 자랐기 때문에 산을 타고 물가에서 자며 말을 달리는 것이 습관이 되었으므로, 오래 들어앉아서 나가지 않으면 반드시 병이 생길 것이다. 그러므로 잠정적으로 격구하는 놀이를 하여 기운과 몸을 기르는 것이다" 하니, 조박이 그저 "예, 예"만

하였다.(語大司憲以擊毬之故. 上謂趙璞曰 '寡人本有疾, 自潛邸, 夜則心煩不能寐, 及晨乃睡, 尋常晚起, 諸父昆弟, 謂予爲怠. 卽位以來, 心懷戒謹, 不知有疾, 近日更作, 心氣昏惰, 皮膚日瘁. 且予生長武家, 山行水宿, 馳騁成習. 久居不出, 必生疾病, 故姑爲擊毬之?, 以養氣體耳.' 璞唯唯.)

정종 방과(芳果, 태조 이성계의 둘째 아들)는 왕자의 난으로 방석과 방번 형제가 살해된 다음날 태조가 왕위를 넘겨줌으로써 즉위했다. 2년 2개월이라는 짧은 기간 동안 재위한 정종은 항상 신변의 위협을 느꼈으며 그의 정비인 정원왕후가 양위를 권유하자 이내 받아들여 왕위에서 물러났다.

정종은 정무보다는 격구로 소일했는데, 이는 그가 살해되지 않으려는 일종의 자구책이었다고 한다. 위의 글은 정종이 격구를 하는 이유를 조박에게 말하는 장면이다.

위 문장에서 눈에 띄는 부분이 있다. "즉위한 이래로 경계하고 삼가는 마음을 품어서 병이 있는 것을 알지 못하였는데, 근일에 다시 병이 생겨 마음의 기운이 혼미하고 늘어져서 피부가 날로 여위어간다(卽位以來, 心懷戒謹, 不知有疾, 近日更作, 心氣昏惰, 皮膚日瘁)"는 정조의 발언이다.

이는 피부와 정신적인 질병과의 관계를 구체적으로 표현한 말이다. "마음의 기운이 혼미하고 늘어졌다"는 것은 정신적 갈등을 뜻하며, 이러한 정신적 갈등 때문에 피부가 여위는 증상을 겪는다는 것이다. 정종은 이러한 육체적 부조화 상태를 극복하기 위해 격구라는 스포츠를 활용한 것이다.

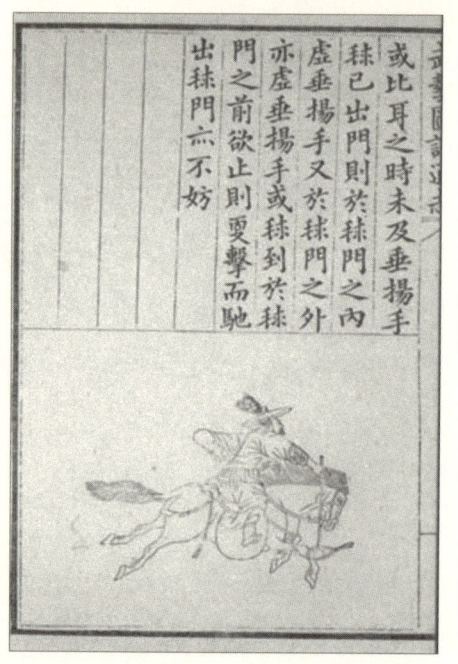
이덕무의 『무예도보통지』에 나오는 격구에 대한 설명문과 그림

"내가 무관武官의 집에서 자랐기 때문에 산을 타고 물가에서 자며 말을 달리는 것이 습관이 되었으므로, 오래 들어앉아서 나가지 않으면 반드시 병이 생길 것이다"라고 말한 것은 그가 아버지 태조 이성계를 닮아 운동을 해야 하는 체질을 타고났음을 일컫는다. "잠정적으로 격구하는 놀이를 하여 기운과 몸을 기르는 것이다"는 표현은 격구를 함으로써 기운의 순환을 촉진시켜 건강을 유지한다는 뜻이다.

이렇듯 정종은 정신적인 갈등으로 생긴 피부가 초췌해지는 증상을 격구라는 스포츠로 기운을 순환시킴으로써 해결하려 했던 것이다.

일본사신 승전이 세조에게 바친 장렴

『조선왕조실록』 세조 2년(1456년) 3월 15일자 기사에 다음과 같은 기록이 보인다.

근정전勤政殿에 나아가 조하(朝賀, 여러 경축일에 신하들이 조정에 나아가 임금에게 하례하던 일)를 받으니, 일본 국왕의 사자使者 가운데 승전承傳 등이 수반(隨班, 신하들이 조정에 참석하여 반열班列의 차례에 따라 서던 일)하여 토물土物을 바치므로 임금이 인견(引見, 윗사람이 아랫사람을 불러 만남)하고, 명하여 빈청賓廳에서 공궤(供饋, 음식을 내림)하게 하였다. (일본) 국왕의 글(書)에 말하기를, "일본국 원의정源義政은 조선 국왕 전하에게 단숙(端肅, 단정하고 엄숙)하게 배복(拜覆, 절하고 회답한다는 뜻으로, 편지 첫머리에 또는 편지 끝머리의 자기 이름 아래에 쓰는 말)합니다. 해천海天이 멀리 끊어져서 소식(音耗)이 드문드문(稀疎)하여 능히 자주 인호隣好를 닦지 못하였으나 고명高明하신 임금께서 너그럽게 살펴주시기(恕察)를 간절히 바라옵니다. 이제 사자 승전과 수좌首座 범준장주梵準藏主로 하여금

적이 경하慶賀하는 서신書信을 건네며, 이와 겸하여 조절(阻絶, 막히고 끊어지게 함)한 허물을 사죄합니다" 하고, 이어서 고하기를, "우리나라 동도東道에 한 주가 있는데, 그곳을 이르기를 '농주濃州'라 하고, 새로이 절(寺)을 창건하였는데, 그곳을 이르기를 '승국承國'이라 하옵니다. 생각하건대 식복殖福의 도량道場으로 여기니, 간절히 바라건대 대방(大邦, 대국)에 나아가서 대장경大藏經 7천여 권을 얻어, 누속陋俗의 목족(目足, 눈과 발이 하는 것과 같은 중요한 지혜와 행동을 비유)에 이바지함으로써, 복을 늘리고 지혜를 기르게 하시면 대왕께서 인화仁化하시는 깊고 큰 은혜가 어찌 흡족하지 않겠습니까? 변변치 못한 토의(土宜, 토산물)를 별폭(別幅, 따로 봉하여 보낸 편지)과 같이 갖추었습니다" 하였다. 그 별폭에서 아뢰기를, '잡화병雜畵屛 2장張, 홍칠완 대소紅漆椀大小 1백 벌(事), 홍칠반 대소紅漆盤大小 20편片, 연위練緯 10필匹, 조자銚子 10병柄, 제자提子 10개, 장도長刀 2병柄, 장렴粧奩 1부副입니다' 하였다.

위의 기록은 일본 국왕의 사자인 승전이 토산물을 바치는 장면이다. 토산물을 바치는 목적이 조선이 가지고 있는 『대장경』 7천 권을 얻기 위함이었다. 이를 위해 이들은 조선 세조의 환심을 사려고 각종 물품을 바쳤다.

바친 물품 가운데 장렴(粧奩, 경대鏡臺)이 눈에 띈다. 장렴은 화장품을 담는 상자를 말한다. 장렴은 버텨 세울 수 있는 거울이 달려 있고 화장품을 담는 역할뿐 아니라 화장용구로도 활용할 수 있는 형태를 띤 것에서부터 단순히 화장품을 담아 보관하고 이동할 때 쓰는 보관용 함에

고종의 막내딸 비운의 덕혜옹주가 사용하던 경대와 화장 용구

이르기까지 형태가 다양하다.

위에 등장하는 장렴은, 단순히 실용적 목적에서 사용하는 물품으로 진상한 것이 아니라 마치 금은보화를 바치는 듯이 귀중품으로 취급하고 있음을 알 수 있다. 아마도 다양한 장식을 아로새긴 고급품의 장렴이었을 것이다. 만약 단순히 실용적인 목적에서 사용하는 도구로 진상했다면 감히 대장경 7천 권을 요구할 만한 선물로는 가치가 없는 물품이라고 여겼을 것이다. 일본국에서는 조선 임금의 마음을 누그러뜨릴 목적으로 그에 걸맞은 장렴을 활용했던 있는 것이다.

이렇듯 화장품을 담는 상자인 장렴은 조선 초기에 일본국에서 조선의 진상품으로 활용했을 정도로 조선 사회에서 중요한 물품이었다. 이를 통해 다음과 같은 사실을 알 수 있다. 장렴은 이미 그 품질의 고저를 따질 만큼 다양한 품질의 물건들이 조선 사회에 존재했으며, 그 활용도를 뛰어넘어 소장하고 있다는 사실만으로도 그 자신의 신분을 드러낼 정도의 고급품이 존재했음을 알 수 있다.

국혼에 지분 사용을 억제하고자 한 영조

『조선왕조실록』 영조 25년(1749년) 11월 23일에 다음과 같은 기사가 실려 있다.

하교下敎하기를, "상의원(尙衣院, 임금의 의복과 궁내의 일용품, 보물 따위의 관리를 맡아보던 관아)에서 무릇 오례五禮의 대소大小로 진공(進供, 물건 따위를 상급 관청이나 궁중, 또는 임금에게 바치던 일)하는 것을 법의法衣와 장복(章服, 관리가 조정에 나아갈 때 입던 제복) 이외에는 지난날의 능단(綾緞, 두꺼운 비단과 얇은 비단)을 주면(紬綿, 명주와 무명)으로 대신하고 지난날의 사라(紗羅, 명주실로 바탕을 조금 거칠게 짠 비단)를 저견(紵絹, 모시와 명주로 짠 비단)으로 대신케 하라" 하고, 이어 호조판서 박문수朴文秀를 불러 국혼國婚의 정례(定例, 일정하게 정해진 규칙이나 관례)를 논하도록 하였다. 임금이 말하기를, "지분脂粉은 곧 용모를 돕는 물건이니, 이것을 써서 무엇하겠는가? 정례 가운데서 없애도록 하라. 내가 비록 없앤다 하더라도 만약 사왕(嗣王, 왕위를 이은 임금)이 사치를 한다면 어찌 할 수가 없을 것이다."

위의 대화 가운데 영조가 국혼의 정례에서 지분脂粉 사용을 금지하는 발언이 나온다. 지분은 연지臙脂와 백분白粉을 합친 말로, 화장품을 가리킨다. 아마도 국가의 혼례에 지분을 사용하면 사치스럽게 보일 수 있기에 이를 생략하여 왕실에서부터 모범을 보이기 위함이리라. 다만 그 뒤에 나오는 말에서도 알 수 있듯이 "내가 비록 없앤다 하더라도 만약 사왕嗣王이 사치를 한다면 어찌 할 수가 없을 것이다"라고 하여 피치 못해 사용할 수밖에 없을 때에는 사용하라고 길을 열어놓고 있다.

위의 기사를 몇 가지 측면에서 살펴보기로 하자. 첫째, 왜 영조가 지분의 사용을 억제하려고 했는가이다. 이는 당시 화장품이 마구 쏟아져 나와 여인들이 저마다 멋을 부리는 데 골몰하여 풍속이 무너질지도 모른다는 위기의식 때문일 것이다. 궁중에서 솔선하여 모범을 보인다면 당시의 속된 풍속을 바로잡을 수 있다고 생각한 것이다.

둘째, 유교 철학의 내면을 중시하는 경향의 반영이다. 화장을 하여 자신의 모습을 바꾸는 행위는 인체 내부의 상태를 드러내는 피부를 속이는 행위로 비칠 수 있다. 인체 오장육부의 상태는 피부에 드러나는데, 화장을 하면 본모습을 위장하게 되어 겉과 속이 모순되는 상태에 빠진다고 볼 수 있다. 유교사상에 젖어 있는 유학자이기도 한 영조가 보기에 화장하는 행위는 위장행위로 파악할 수도 있었을 것이다.

조선 22대 임금으로 52년간 재위한 영조의 어진御眞

숙종의 피부관리 방안

『조선왕조실록』 숙종 30년(1704년) 12월 11일자에 내의원에서 숙종의 해수(咳嗽, 기침)를 여쭐 때 숙종이 다음과 같이 하교했다.

나의 화증(火症, 걸핏하면 화를 왈칵 내는 증세)이 뿌리 내린 지 이미 오래고 나이도 쇠해가니 날로 더욱 깊은 고질이 되어간다. 무릇 사람의 일시적 질환은 고치기 쉽지만 가장 치료하기 어려운 것이 화증이다. 그러나 장년 때에는 그 피로함을 모르겠더니 수년 이래로 병세病勢가 더해가고 차도는 없어 어제보다 오늘이 더하고 작년보다 금년이 심하여, 오랜 시간 동안 수응(酬應, 서로 호응하여 주고받음)하면 화열이 위로 올라 비록 한겨울이라도 손에서 부채를 놓을 수가 없다. 피부는 꺼칠하고 정신이 날로 혼모(昏耗, 정신이 흐릿하고 기력이 쇠약하다)해지며 심지어 가슴이 답답하여 트이지 않는다. 또 이번 겨울부터는 화기가 오르면 코가 타고 목이 건조하여 기침이 문득 나오니, 그 조짐이 좋지 못하다. 무릇 화증을 고치는 방법은 조식調息하는 것이 최상이고 탕약이나 환약은 그 다음인데,

매일 일에 시달려 조섭(調攝, 몸을 보살피고 병을 다스림)할 겨를이 없고 단지 묵은 뿌리와 썩은 풀로써 그 효과를 바라니, 이 어찌 한 모금의 물(勺水)로 수레에 실린 장작불을 끄려는 것과 다를 바가 있겠는가? 실로 두려운 근심이 있다.

숙종은 이 시기에 지나친 격무와 정신적 갈등으로 심신이 피곤한 상태였다. 3년 전 장희빈의 일도 심신의 피로가 누적되는 원인 가운데 하나였을 것이다. 누적된 정신적 갈등과 격무에 따른 육체적 피로는 화증, 즉 발열성의 증상을 일으켰고 이 증상이 피부로 나타났다. 숙종의 발언 가운데 "피부는 꺼칠하고 정신이 날로 혼모昏耗해지며 심지어 가슴이 답답하여 트이지 않는다"는 말은 이러한 상태가 피부와 정신의 상태, 심장 등으로 나타났음을 가리킨다.

한의학에서는 피부가 꺼칠해지고 정신이 혼모해지고 가슴이 답답해지는 것은 화기火氣가 상충上衝해서 나타나는 것으로 파악한다. 화기가 상충하는 원인에는 여러 가지 있지만 그동안 숙종의 행적을 살펴볼 때 정신적 압박이 점점 더 늘어난 부분에서 찾을 수 있다. 숙종의 해수(기침) 증상도 화기의 상충에서 나타나는 부수적 증상이다.

숙종은 이를 극복하기 위해서 조식, 즉 휴식과 정신적 안정 등을 꼽고 있다. 이는 매우 적절한 방법이다. 환자 스스로 그 원인을 이미 느낌으로 알고 있다. 내의원 제조인 민진후閔鎭厚는 이에 대해 다음과 같이 말한다.

전하께서 국가의 만기(萬機, 여러 가지 정무)에 수응酬應하신 것이 여러 해가 되도록 노심초사하였기 때문에 이처럼 해수의 증후가 계시고, 본래 일시적으로 우연히 상하신 데 비할 바가 아니니, '조식調息이 가장 으뜸이요, 탕제湯劑와 환제丸劑는 다음이라' 는 하교가 참으로 지당합니다. 엎드려 생각하건대, 조양調養의 방도는 심화心火를 식히고 사려思慮를 덜어내는 것만 같음이 없습니다. 전후의 여러 신하들이 누차 이를 진달하였고 전하께서도 역시 자애自愛하지 않음이 아니나 우리나라는 부서簿書가 번거롭고 많아 매양 아침부터 밤늦게까지 쉴 겨를이 없으니, 이것이 실로 오늘날 절실히 염려되는 바입니다. 엎드려 원하건대, 전하께서는 옛사람들이 정신精神을 보호하고 아끼는 교훈을 본받아 모든 일을 당했을 때 조용히 관성觀省하시어 평탄한 마음으로 헤아려 처리(裁處)하시고, 부질없이 사무事務의 적체積滯됨을 걱정하지 마시며, 또 묘당(廟堂, 의정부)으로 하여금 다시 입계(入啓, 임금에게 상주하는 글을 올리던 일)한 문서 가운데 긴급하지 않은 것은 생략하는 데 힘써 예람(睿覽, 임금이나 왕세자가 물건이나 의식儀式 따위를 살펴보는 일, 또는 그들의 견해나 생각에 대한 높임말)을 간편하게 하심이 아마도 마땅할 듯합니다.

민진후는 숙종이 가지고 있는 증상의 원인을 정신적인 것에서부터 찾아 그 방안으로 "심화를 식히고 사려를 덜어내는 것"을 제시하고 있다. 이는 정신을 가다듬음으로써 해수, 피부, 정신, 가슴 등의 질환을 치료할 수 있다는 방안을 제시한 것이다.

다리의 부기를 다스리는 인동차와 총과병

『조선왕조실록』 순조 14년(1814년) 9월 5일 기사에 다음과 같은 기록이 있다.

원에서 입진하였다. 대신大臣과 각신(閣臣, 조선 후기 규장각의 벼슬아치)을 불러 모았다. 임금이 의관에게 다리를 진찰하라고 명하였다. 의관이 진찰을 마치고 아뢰기를, 다리에 약간 부기浮氣가 있는 듯한데 습담濕痰이 경락에 흘러 들어가서 그리된 것이라고 하였다. 인동차忍冬茶를 올리고, 외부에는 총과병蔥瓜餠을 붙였다. 이날부터 날마다 입진하였다.

위의 기사는 순조의 다리 부기를 습담이 경락에 흘러 들어간 것으로 판단하여 인동차와 총과병을 치료방안으로 제시한 기록이다. 습담은 몸 안에서 발생한 축축한 기운의 담痰, 즉 비생리적인 액체를 말한다. 이 담이 인체의 표면을 흐르는 정기의 통로인 경락에 스며들어 다리의 피부 표면이 부어오르는 것이다. 체표면을 흐르는 경락에 습담이 차올

『본초강목』에 나오는 인동. 금은화

라 보기 흉하게 피부가 부어올랐다.

    이에 대해 어의들은 인동차와 총과병을 권하고 있다. 인동차는 인동 忍冬으로 차를 끓인 것으로, 인동은 『동의보감』에서 몸이 부어오르는 증상, 열독熱毒, 혈리血痢 등을 치료하는 약재로 기록되어 있으며, 금은화金銀花라고도 부른다. 그리고 '옹저문癰疽門'에서는 옹저욕발지후癰疽欲發之候, 즉 피부에 멍울이 생기려는 증상에 "오랫동안 입이 마르는 증상을 앓으면 반드시 멍울이 생기게 되니 인동차를 항상 복용하는 것이 가장 좋다(久患口乾必生癰疽忍冬茶常服最佳)"고, 차로 달여 마시는 인동차가 피부질환에 매우 뛰어나다고 말한다. 피부가 부어오르는 것은 열독이 상충해서 생기는 증상으로, 열이 나면서 답답하고 갈증이 날 때 주로 인동차를 복용해 다스렸다.

총과병蔥瓜餅은 그 어떤 의서나 사서에도 그 내용이 기록되어 있지 않은 약물이다. 병餅이라는 말을 사용한 것으로 보아 약재를 가루 내어 버무려 떡 모양으로 만든 것이라고 생각한다. 따라서 파(蔥)와 오이(瓜)를 갈아서 짓이겨 떡처럼 만들어 피부에 고약처럼 붙이는 약물일 것이다. 파는 피부의 혈관의 소통을 원활하게 해주는 약물이며, 서늘한 성질을 띤 오이는 피부에 붙이면 열을 가라앉히는 작용을 하는 약물이다. 두 약재를 합친다면 피부의 열기가 사라질 것임이 틀림없다.

순조년간에서 인동차와 총과병으로 피부를 관리했던 한국 고유의 피부관리법을 엿볼 수 있다.

위맥과 안색을 연결 지어 질환을 파악하다

『조선왕조실록』 선조 8년 2월 4일부터 2월 28일까지의 기록에는 선조의 질환에 대해 위맥과 안색을 연결시켜 설명하는 내용이 연이어 나온다. 이 무렵 선조는 대비인 인순왕후仁順王后의 서거로 심신이 피로한 상태였다. 2월 18일에 다음과 같은 기록이 있다.

맥脈에 병이 있느냐의 여부는 의원醫院에서만이 알 수 있는데, 의관醫官들이 입진하고서는 모두 "위맥胃脈이 화평하지 못하며 전보다 갑절이나 허약하여 천안天顔이 수척하고 초췌함이 너무 심하니, 이는 위험한 증세가 이미 속에서 형성되어 겉으로 드러난 것이다"고 하였습니다. 그런데도 상께서는 한갓 망극하신 정情만을 생각하시어 매양 편안하다는 전교만을 내리십니다. 그러나 어찌 내외內外가 모두 상하여 혈기가 날로 허약해지고 번열이 올라 때 없이 찬 것만을 찾으시면서 편안하고 병이 없다 할 수 있겠습니까. 계속 이와 같이 하신다면 날이 갈수록 병은 더욱 깊어져서 절대로 상례를 감당할 수 없을 것이니, 삼가 바라건대 서둘러

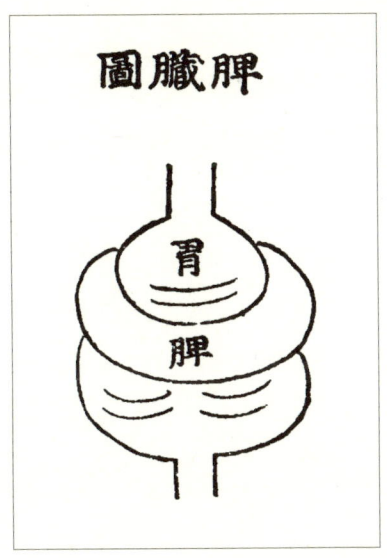

『동의보감』에 나오는 비위의 그림

권제(權制, 권위와 법제를 아우르는 말)를 따르시어 대효大孝의 길을 좇으소서.

얼굴에는 족양명위경(足陽明胃經, 위胃에 속하고 비脾로 이어지는 12경맥 중 하나. '위경胃經'으로 약칭)이 그물처럼 엮여 있어 얼굴에 나타난 증상은 위胃 질환이 경락을 통해 위경胃經에 나타난 것으로 파악된다. "위맥胃脈이 화평하지 못하며 전보다 갑절이나 허약하여"라는 표현이 바로 그런 맥락이다. 따라서 "천안天顔이 수척하고 초췌함이 너무 심하니"라는 표현은 곧 위의 질환이 얼굴로 드러난 것을 뜻한다. 여기에서 '천안'은 '임금의 얼굴'을 의미한다. 한편, "이는 위험한 증세가 이미 속에서 형성되어 겉으로 드러난 것이다"라고 한 것은 위장의 상태가 위경을 타고 겉으로 드러났다는 뜻이다.

또한 위가 망가지게 된 원인을 심장과 관련하여 설명한다. 정신적인 갈등으로 심心에 문제가 발생하면 위胃에도 곧 영향을 미친다.『동의보감』에서는 이러한 까닭을 "심장을 싸고 있는 핏줄이 위와 서로 연결"되어 있기 때문이라고 설명한다.

이러한 사실을 좀 더 확장해보면, 얼굴의 피부로 드러나는 증상은 위장에서 연유하고 있음을 알 수 있다. 위장이 건강하면 얼굴의 피부는 백옥처럼 깨끗하고, 만약 위장에 사기邪氣가 있다면 기운이 상충하여 얼굴의 피부에 각종 피부병이 발생한다.

한의학에서 얼굴을 위장과 연결하는 이론은 얼굴을 치료하는 방법론으로서 지금까지 유용하게 활용되고 있다.『조선왕조실록』선조 8년의 기록은 피부미용에 대한 새로운 방안을 우리에게 보여준다.

인종의 얼굴 피부 상태로 이양병을 진단하다

1515년 중종과 장경왕후 윤씨의 맏아들로 태어난 조선 12대 인종은 1544년 11월부터 1545년 7월 윤정월을 포함해 9개월이라는 짧은 기간 동안 재위한 임금이다. 30세에 보위에 올랐지만 병약하여 9개월 만에 승하하고 말았다. 다음은 『인종실록』 1545년 2월 8일의 기사이다.

정원이 아뢰기를, "신들이 보건대, 전하께서는 당초 약시중을 드실 때부터 대고(大故, 부모의 상사喪事)를 당하고 지금에 이르도록 슬퍼함이 지나쳐 극도로 수척하여졌으므로 심心·비脾를 상하게 되어 병의 뿌리가 이미 깊어져 안면에까지 드러나 혈색까지 없게 되셨으니, 중한 증세가 일어나는 것이 아침이 아니면 저녁에 있을 것입니다. 전하께서는 스스로 깨닫지 못하시더라도 들어가 진찰한 의원은 근심이 그지없는데, 전하께서 어찌하여 병의 뿌리를 제거하고 자양(滋養, 몸의 영양을 좋게 함)할 방도를 찾으려고 생각하시지 않으십니까? 비위脾胃를 자양하는 것은 오로지 약의 힘에 의지할 수는 없는 것이고, 변통하는 데는 절로 권제權制가 있습니다. 『예경禮經』을 살펴보면,

제사 때가 되어 사고가 있으면 다른 사람을 시켜 대행해도 되고, 먹을 수 없으면 염장鹽醬을 먹어도 된다고 하였습니다. 그렇다면 전하의 수척하신 몸으로 우제(虞祭, 장사를 지낸 뒤 망자의 혼백을 평안하게 하기 위해 지내는 제사)의 거행을 친히 하지 않아도 되고 염장을 드시는 것도 부득이한 일입니다. 종사의 대계를 위하여 굽어 권제를 따르소서" 하니, 전교하기를, "조정이 이토록 말하는데 나도 어찌 범연히 생각하여 따르지 않겠는가" 하였다.

인종은 효성이 지극했던 임금으로 유명하다. 생모 장경왕후 윤씨가 인종을 낳고 7일 만에 숨을 거두자 계모인 문정왕후 윤씨의 손에서 자라게 되었다. 시기심이 많은 문정왕후가 인종을 죽이려고 여러 차례 시도했지만 그때마다 효심으로 이를 덮었다. 야사에 따르면, 인종의 사망 원인이 문정왕후 윤씨가 준 내용 불명의 떡 때문이라는 주장도 있다.

중종이 승하한 지 두 달여가 지난 시점에서 기록된 위의 기사에서 인종의 상태는 이양병二陽病이 아닌가 한다. 이양병에 대해 『동의보감』에서는 "이양의 병은 심과 비에서 발하는데, 부득은곡不得隱曲이 있다(二陽之病發心脾, 有不得隱曲)"고 했다. '부득은곡'은 여성의 경우 무월경증(女子不月), 남성의 경우 신색선산神色先散으로 나타난다. '신색선산'이란 얼굴에 생기가 없는 증상이다.

이 시기에 인종은 상중喪中이었고, 효심이 충만했기에 진심으로 슬픈 감정을 표출했을 것이다. 어의들은 이러한 정황과 인종의 안면 상태를 종합해 심心과 비脾가 상한 것으로 보았다. 이는 정신적 고통으로 얼굴에 생기가 없어지는 이양병 증상과 관련 있다.

궁중 어의 유상의 얼굴 피부 치료 활동

숙종년간 어의御醫인 유상柳瑺이 1711년(숙종 37년)에 궁중에서 마마(천연두)가 돌았을 때의 치료 행적이 기록되어 있다.

1) 중궁전中宮殿이 마마를 앓게 되어 유상柳瑺에게 입진入診을 명하니, 약방에서 청하기를, "매번 유상이 입진할 때에 경은 부원군慶恩府院君 김주신金柱臣도 함께 입시하게 하소서" 하니, 허락하였다.(숙종 37년, 1711년 12월 4일)

2) 유상이 입진하였다.【이후로 연일 입진하였다.】중궁전의 마마 빛깔이 독기毒氣가 없이 깨끗하여 붉은 윤기가 없으며, 과근顆根이 엷고 단단하지 않으므로 의약청議藥廳에서 보허補虛의 약제를 조제해 올렸다.(숙종 37년, 1711년 12월 5일)

3) 의약청 제조議藥廳提調 조태구趙泰耈의 어린 아들이 마마를 앓다가 죽

으므로, 의약청에서 조태구의 병이 중하다고 말해 개차(改差, 벼슬아치를 교체하는 일)하기를 계청하여 이언강李彦綱으로 대신하였다.(숙종 37년, 1711년 12월 7일)

4) 중궁전의 얼굴 과립顆粒이 이미 볼(頰)에는 모두 거두어졌고, 또한 몇 군데는 딱지가 떨어져 의약청에서 약을 정지하기를 계청하였다.(숙종 37년, 1711년 12월 14일)

5) 하교下敎하기를, "의관醫官 유상에게는 우선 2계階를 초수(超授, 벼슬의 등급을 뛰어올려 제수함)하여 기쁜 뜻을 표하라" 하였다.(숙종 37년, 1711년 12월 16일)

중궁전中宮殿은 숙빈 최씨를 말하며, 숙종이 가장 아꼈던 인물이다. '동이'라는 이름으로 우리에게 잘 알려진 숙빈 최씨는 당시 천연두에 걸려 얼굴 피부에 과립이 뭉쳐 이를 유상이 치료했다. 유상은 치료의 공로로 품계가 상승했다.

천연두는 급성 발진성 전염병이다. 전염성이 강하기 때문에 천행天行이라고 한다. 처음에는 점이 생겼다가 부풀어올라 고름이 잡혀 마치 꽃봉오리가 피는 것 같다가 7일이 지나 딱지가 앉아 떨어지는 모양이 마치 꽃이 시드는 것처럼 보여 천화天花라고도 한다. 또는 부스럼의 모양이 콩과 같아 두창痘瘡이라고도 한다. 천연두는 발열發熱, 현형見形, 기창起脹, 관장灌漿, 수엽收靨, 탈가脫痂의 6단계 과정으로 진행되는 것이 특징이다.

  숙빈 최씨의 천연두 증상은 10일 남짓 이어졌으며, 그 기간 동안 유상의 노력으로 치료가 마무리되었다. 숙빈 최씨의 증상에서, 얼굴 피부를 중심으로 언급한 것이 특징이다. 12월 14일의 "중궁전의 얼굴 과립이 이미 볼에는 모두 거두어졌고, 또한 몇 군데는 딱지가 떨어져 의약청에서 약을 정지하기를 계청하였다"는 것이 대표적인 예이니, 얼굴에 생긴 과립을 진단학적 판단 근거로 삼았다.

  아마도 숙빈 최씨의 얼굴에 마마자국이 남았을 것이다.

피부소양증에 금은화차와 각종 차를 사용하다

숙종 44년(1718년) 10월 22일 『승정원일기』에 다음과 같은 기사가 나온다.

정시제丁時梯가 다음과 같이 말하였다. "피부소양皮膚搔癢의 증상은 대부분 혈조血燥와 풍열風熱의 소치이니, 모든 의원은 금은화차金銀花茶에 우황牛黃을 섞어서 임금님께 올리는 것이 좋을 것 같다고 합니다. 또 부평浮萍, 화피樺皮, 노봉방露蜂房, 선퇴蟬退를 같은 양으로 차로 달여 우황에 섞어서 임금님께 올리는 것이 좋을 것 같다고 합니다."

정시제는 숙종년간에 궁중에서 활동했던 어의였다. 숙종은 피부소양증을 앓고 있었고, 어의들이 모여서 그 증상에 대한 치료법을 논의했다. 이 자리에는 도제조 이이명, 제조 조도빈, 부제조 유명홍, 가주서 조명신, 기사관 이안국, 기사관 김담, 의관 유상, 정시제, 권성징, 허점, 방진기, 변삼빈, 권성규, 이징하 등과 의인부사용 유명우 등이 참석했다. 숙종의 질환에 대해 논의하려고 수많은 관원이 동원된 것이다. 이 날 논의된 내용들을 살펴보면, 숙종의 소양증은 낮보다는 밤에 심했고, 당시 복부에 팽만감이 있었고 맥상脈象은 이전보다 긴실緊實하게 나타났다. 게다가 숙종의 눈동자의 탁기濁氣는 이전보다 나아지지 않았고 거풀(예막瞖膜, 붉거나 희거나 푸른 막이 눈자위를 가리는 눈병의 일종)까지 끼어 제거되지 않았다.

이전에 승마갈근탕升麻葛根湯을 사용했지만 소양증은 줄어들지 않아 이에 새로운 처방으로 금은화차를 제안한 것이다. 금은화는 학명이 Lonicera japonica Thunberg이며 인동덩굴의 화관花冠이다. 열을 내려 해독시키고, 허증을 보하고 혈액을 맑게 하며, 갈증을 없애고 팽만감을 누그러뜨리며, 멍울과 부스럼 등 각종 피부병과 매독 같은 안 좋은 부스럼을 없애고 또한 이질 등을 치료한다. 대체로 열을 내려 허증을 보충해주고 혈액을 맑게 보호하는 것이 이 약의 효능이다.

숙종에게 정시제가 금은화를 차로 처방했다는 것은 숙종이 평소부터 이 증상으로 고통 받아왔음을 보여준다. 차의 형태로 복용하는 것은 진하지 않은 상태로 꾸준하게 섭취하도록 해 몸을 관리하겠다는 뜻이다. 또한 부평, 화피, 노봉방, 선퇴 등도 피부질환에 많이 사용하는 약물들로, 이 약물들을 차의 형태로 복용하여 몸에 박혀 있는 열독을 제거하겠다는 처방이다.

부평Spirodele polyrhiza은 물 위에 떠 있는 개구리밥을 가리킨다. 이 약물은 실제로 피부소양증에 많이 사용된다. 화피는 폐풍창(肺風瘡, 폐에 열이 올라 피가 뭉쳐 흩어지지 않아 코에 생기는 질병) 같은 피부질환에 사

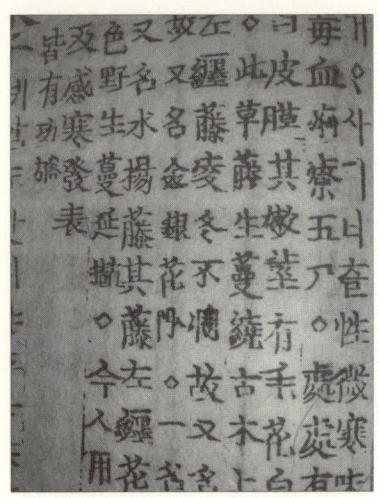

『동의보감』의 금은화 관련 기록

용하며, 노봉방과 선퇴는 피부의 풍열風熱로 생기는 소양증에 많이 사용하는 약물들이다.

   조선시대 임금들은 엄청난 업무로 쌓인 과로와 스트레스, 과음과 과식, 지나친 성생활에 따른 신허腎虛, 운동부족 등 현대의 기준에서 성인병이라고 할 수 있는 고혈압, 당뇨병, 심근경색 등 각종 질환에 시달렸다. 지나친 업무와 영양 과잉, 운동부족, 스트레스로 고통 받고 있는 현대인이 표본으로 삼을 만한 환자 그룹인 것이다. 실제로 현대인들은 알레르기성 피부염 등 각종 소양성 피부질환에 노출되어 있는데, 이는 숙종이 앓았던 소양성 피부질환의 원인과 일맥상통한다. 따라서 숙종에게 처방한 피부소양증 관련 차들은 현대를 살아가는 우리가 일상적으로 피부 관리에 활용할 수 있는 소중한 정보이다.

진주가루로 화장한 명성황후

조선 말기 고종 황제의 정비인 명성황후(明成皇后, 1851~1895) 민씨에 대해서는 역사서에 다양한 평가가 난무한다. 시아버지와 대립한 인물, 갑신정변 때 청나라를 끌어들였다가 일본에 끌려 다닌 인물, 동학농민전쟁으로 조선이 청나라와 일본의 전쟁터가 되었을 때 러시아를 끌어들인 인물 등 갖가지 비판적 인식이 있지만, 한편으로는 조선의 독립을 위해 정치력을 발휘하여 노력한 인물로 평가받는다.

명성황후의 실물 사진에 대해서는 견해가 분분하여 아직도 분명하지 않다. 이러한 까닭은 명성황후가 임오군란 이후 사진 찍는 것을 기피했기 때문이라고 한다. 그리고 이승만 전 대통령이 저술한『독립정신』에 명성황후의 사진이 한 장 실려 있지만 그 사진 또한 정말 황후의 사진인지는 분명하지 않다.

『한국과 그 이웃 나라들Korea and Her Neighbours』을 쓴 영국의 여행가 비숍 여사(Isabella Bird Bishop, 1832~1904)는 명성황후를 다음과 같이 묘사했다.

권오창 화백이 그린 명성황후

왕비는 몸매가 가늘고 미인이었다. 검고 윤기가 도는 머리카락에 피부는 화장을 진주가루로 해서 약간 창백해 보였다. 눈은 차고 날카로웠는데, 이는 훌륭한 지성의 소유자임을 나타내는 것이었다.

이 기록에서, 서양인의 미적 기준을 지닌 비숍 여사가 보기에도 명성황후는 지성미가 넘치는 늘씬한 미인이었다. 그리고 명성황후와 대화를 나눈 비숍 여사는 황후의 뛰어난 지식 수준에 놀랐다고 한다.
여기에서 한 가지 눈에 띄는 표현이 있다. 명성황후가 진주가루로 화장했다는 사실이다. 이에 어떤 연구에서는 명성황후가 사용한 진주가루는 서양 화장품이었다고 하지만, 필자가 보기에는 이때 사용한 진주가루야말로 한방화장품이 아닌가 생각한다.

『동의보감』에는 진주眞珠의 피부미용 활용법에 대해 명확히 밝히고 있다. 『동의보감』「외형편」'면문'의 단방單方에서는 '진주'에 대해 "주근깨 반점을 제거하여 얼굴을 윤택하게 해주고 안색을 좋게 해준다. 가루 내어 분말로 해서 젖과 섞어서 항상 발라준다(除??斑點令面潤澤好顔色 硏爲粉和乳汁常塗之)"고 소개한다. 대체로 진주는 다른 약물과 섞어서 정신과 계통의 처방으로 활용하지만, 이렇듯 진주를 가루 내어 외용적으로 피부에 발랐다는 기록은 『동의보감』이 유일하다.

진주를 한방화장품의 원료로 활용한 전거를 『동의보감』에서 제시한 셈이다.

1930년 『별건곤』에 나오는 미용비법

1930년 9월 1일자 『별건곤』에는 「현대여성現代女性과 건강미健康美, 미용비법美容秘法 공개公開」라는 제목의 기사가 실려 있다. 그 내용은 피부미용을 위한 정보이다. 남파생南波生이라는 필명을 가진 저자가 쓴 기사이다. 이 글은 '왜 살결이 거칠어지는가?' '왜 살ㅅ결이 검은가?' '왜 여드름이 나는가?' '왜 죽은깨가 생기는가?' '왜 머리털이 빠지는가?' '왜 얼골이 빨개지나?' '왜 볼의 살은 빠지는가?' '거짓말은 왜 하나?' '왜 잠잘 때 니齒를 가는가?' '왜 수집어하나?' 등의 소제목의 글로 구성되어 있다.(소제목은 지금의 맞춤법에 따르지 않고 당시 『별건곤』에 실린 그대로 옮겼다.)

이 가운데 ?왜 살결이 거칠어지는가??라는 제목의 글을 소개한다.(현재의 맞춤법에 따르지 않고 원본 그대로 옮겼고, 다만 독자들의 이해를 위해 한자에 음독을 달았다.)

『별건곤』1926년 11월부터 1934년 3월까지 발간된 대중잡지. 통권 101호까지 발간

왜 살결이 거칠어 지는가?

사람의 피부는 鞣皮(유피)가 아닙니다. 항상 피하에 잇는 皮脂腺(피지선)이나 汗腺(한선)에서 분비물을 바더 적당하게 저저 잇습니다. 동시에 피하의 血管網(혈관망)과 淋巴管(임파관)으로부터 영양분의 공급을 바더 신진대사를 하고 잇습니다. 이 영양이 불량할 때에 피부는 것칠어지고 ?皮와 가티 되는 것임니다.

봄으로부터 初夏(초하) 사이에는 바람이 몹시 것칠고 몬지를 내임으로 눈과 귀와 코가튼 데 병이 자죠 생기는 한편으로 피부의 표면도 곳잘 건조하여지며 더러운 몬지가 안스기 때문에 자극을 바더 까슬까슬하여짐니다. 이것은 腺病質(선병질)로 생긴 어린애 피부가 纖弱(심약)한 부인병

우리 역사속에 보이는 한방화장품과 피부　　95

을 알코난 사람들로써 전신의 신진대사가 不活潑(불활발)할 때에 全身中(전신중) 비교적 중심으로부터 먼곳, 즉 邊方(변방)에 잇는 피부의 대사가 뒤로 밀니게 되기 때문에 일어나는 것임니다.

다음 그릇 미용법을 써 가지고 피부—그 중에도 얼골을 것칠게 하는 수가 만히 잇슴니다. 개인개인의 소질에 맛지 아니하는 화장품을 사용하는 것과, 너무 얼골과 목을 인공적으로 문지르며 도닥거리는 두 가지의 원인이 잇다.

피부에 슴여나는 脂肪(지방)을 제거하기 위하야 알칼리성을 띄운 약이나 비누를 사용하는 것은 좀 생각할 문제이다. 중성의 비누라도 날마다 여러 번 얼골을 싯게 되면 필경 살이 것칠어지는 것이다.

비누보담은 쌀겨를 가눌게 작만하여 가지고 그 속에 김, 게란흰잣 가튼 것을 석거서 무명 주머니에 너어가지고 그것으로 얼골을 씨스면 매우 살결이 고아짐니다.

얼골을 씻는 물은 軟水(경수)가 죠코 硬水(연수)는 그 속에 녹아 잇는 만흔 礦物質(광물질) 때문에 얼골이 도리어 것칠어짐니다.

빗ㅅ물 증류수 끄린 물 눈 녹인 물 수도ㅅ물 가튼 것은 연수요 우물물은 대개 경수임니다. 속담에 물이 조흐면 인물이 조타고 함니다. 그것에도 일리가 잇는 말이니 물이 조타는 것은 그 脂肪에 경수가 적고 연수가 만타는 것이겟슴니다.

고대 로마 부인은 얼골을 보드랍게 하기 위하야 밤이면 잠을 자기 전에 빵으로 얼골을 문질넛다 하는데 그 방법은 현대에도 매우 유효함니다.

끄트로 정신상 고통 境遇(경우)의 변화 음식물의 종류도 피부를 거칠게 하는 큰 원인이 됩니다.

여기에서는 살결이 거칠어지는 원인을 피하의 혈관망과 임파관에서 영양분의 공급이 원활하지 못하기 때문이라고 정의한다. 아울러 부인병을 앓고 난 뒤에도 전신의 신진대사가 활발하지 못해 살결이 거칠어진다고 했다. 이 책에서 제시한 피부미용법은, 알칼리성 비누나 중성비누는 사용하지 말고 쌀겨를 잘게 부숴 그 속에 김, 달걀 흰자 같은 것을 섞어서 무명 주머니에 넣어 그것으로 얼굴을 씻어내는 것이다.

얼굴을 씻을 물로는 연수가 경수보다 좋으며, 연수와 경수의 구분에 대해 "빗ㅅ물 증류수 끄린 물 눈 녹인 물 수도ㅅ물 가튼 것은 연수요 우물물은 대개 경수임니다"라고 정의한다. 아울러 고대 로마에서 부인들이 잠자기 전에 빵으로 얼굴을 문지른 것도 얼굴을 보드랍게 하는 하나의 방법이라고 소개한다.

마지막으로, 얼굴이 거칠어지는 원인을 정신적 고통과 음식물에 있다고 결론짓고 있다.

옛 왕실에서 사용한 두 가지 피부미용 처방

책의 말미에 "原本李王職藏版 昭和二年十月謄寫", 즉 "원본은 이 왕직의 보관 판본을 1927년 10월 등사했다"라고 쓰여 있는 『경험방經驗方』이라는 책이 있다. 이 책은 옛왕실에서 보관하고 있었던 『경험방』을 1927년에 어느 민간인이 입수하여 등사한 것으로 보인다. 이 책의 앞부분은 오장五臟을 중심으로 단방요법이 소개되어 있다. 책의 내용은 대체로 『동의보감』의 내용을 중심으로 했다. 이어서 「학문별초學門別抄」라는 부분에 질환을 나열하고, 그에 해당하는 처방과 약물 내용을 기록해 놓았다.

조병燥病은 몸의 진액이 부족해 피부에 윤기가 없고 거칠어지면서 가려움증 등이 나타나는 증상이다. 피부에 윤기가 없다는 점에서 이 또한 피부미용을 해치는 공공의 적인 셈이다. 『경험방』에 기록된 조병을 치료하는 방법이 피부미용에 활용할 만한 처방이 되는 이유는 피부 건조증의 주범인 진액 부족을 해결해야만 조증이 치료되어 피부에 윤기를 되찾을 수 있기 때문이다. 『경험방』 '조문燥門'에 '지선전地仙煎'과

'우혈윤부음牛血潤膚飮'이라는 두 처방이 실려 있다. 지선전의 처방 약재는 산약山藥 일승一升을 절구질하여 잘게 한 것, 은행알 1개를 곱게 빻은 것, 우유牛乳 한 근으로 되어 있다. 우혈윤부음 처방 약재로는 맥문동麥門冬, 생지황生地黃, 숙지황熟地黃, 천문동天門冬, 당귀當歸, 황기黃芪, 황금(黃芩, 또는 황금을 술에 담근 주금酒芩), 괄루인括樓仁, 도인桃仁, 승마升麻, 진피陳皮, 마자인麻子仁, 홍화紅花, 오미자五味子, 감초甘草 등으로 되어 있다. 그리고 이 처방의 주치증主治症은 "피부가 마르고 건조하여 긁는 것(皮膚枯燥搔之)"이라고 기록되어 있다."

이 두 가지 처방은 옛 왕실에서 보관했던 피부미용 관련 처방으로, 조선시대에 궁중 처방이라는 데에 큰 의미가 있다. 피부가 건조해졌을 때 대왕대비, 왕비, 궁녀 등이 피부미용을 위해 궁중에서 이 처방을 활용했음이 틀림없다.

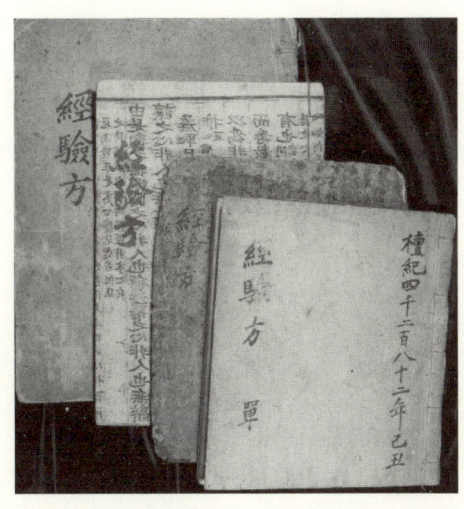

조상의 지혜가 돋보이는 다양한 『경험방』

3
우리나라의 피부미용과 문화

우리나라의 미인관

한국의 전통적 미인관은 서양의 미인관과는 차이가 있다. 『한국 역사의 美人』(이수광 지음, 영림카디널, 2006)에서는 미인의 조건을 다음과 같이 정의한다.

오발선빈烏髮蟬嬪 : 까귀처럼 새까만 머리에 매미 날개처럼 쪽진 머리로, 검은 머리에 윤기가 흐를 정도가 되어야 하고 풀었을 때는 운발雲髮이라 하여 구름처럼 치렁치렁해야 한다.
아미청대蛾眉靑黛 : 누에와 같은 모양에 짙고 푸르스름한 빛을 띤 눈썹
명모유반明眸流盼 : 맑은 눈동자에 약간 흘겨보는 눈짓
단순호치丹脣皓齒 : 붉은 입술과 하얀 치아
섬섬옥수纖纖玉手 : 가늘고 하얀 손
세요설부細腰雪膚 : 허리가 가늘고 눈 같은 살결

우리나라의 목욕문화

한국인에게 목욕은 주술 수단, 청결 수단, 미용 수단, 치료 수단, 세시풍속 등의 의미에서 활용되었다. 조선시대의 미용탕美容湯 가운데 가장 효과가 높은 것은 인삼과 인삼잎을 달여 넣은 인삼탕으로, 이 물에 목욕하면 피부가 매끈하고 윤기가 흘렀다고 한다.

다음으로 효과적이었던 미용탕은, 껍질 벗겨 찧은 마늘을 목면 주머니에 담아 목욕물에 넣고 초를 약간 탄 마늘탕이었다. 이 탕은 피부를 윤기 있게 하는 미용효과 외에도 여드름을 치료하고 동상을 예방하는 의료효과도 겸했다.

또한 계절에 따라 왕성하게 자라는 식물을 이용한 미용탕도 효과가 높았으며, 늦봄의 창포탕, 여름철의 복숭아탕, 겨울철의 유자탕 등이 대표적인 탕이다.

이밖에 계절을 초월하여 보편화된 효과적인 미용탕으로는 난탕蘭湯이 있다. 이 탕은 난초를 달여 목욕물에 넣은 것으로, 특히 몸에서 은은한 향기를 뿜어내는 데 효과적이었다.

따라서 조선시대의 사람들은 당시 세정제로 사용했던 조두(澡豆, 녹두나 팥)의 날비린내를 없애려고 자주 난탕蘭湯에서 목욕하는 것이 풍속처럼 되었다.(안옥희 외 2인, 「옛 문헌을 통해 본 한국인의 목욕의식」, 『한국생활과학회지』 제13권 2호, 2004년)

『견첩록』의 매분구에 대한 기록

매분구賣粉嫗란 조선시대에 활동한 화장품 방문판매원을 가리킨다. 저자 미상의 『견첩록』에 어느 매분구의 애절한 일화가 실려 있다. 그 내용을 번역하여 소개하면 다음과 같다.

서울(한성)에 매분구가 있었는데, 사노비였다. 소싯적에 이웃의 총각이 그 아름다움에 반해서 어깨에 메고 나왔는데 여자가 사양하면서 "담을 넘고 구멍을 뚫어도 나는 안 됩니다. 부모가 계시니 저를 놓아주지 않을 것입니까. 부모님께 말씀드려 허락하시면 혼인을 할 것입니다"라고 말하였다. 이에 그 총각이 물러나서 식음을 전폐하고 그 여인의 부모에게 갔지만 그 부모는 허락하지 않았다. 이에 사모하는 감정이 쌓여 병이 되어 죽게 되었다. 이 사실을 그 여인이 듣고는 울면서 "내가 그이를 죽인 것이다. 내가 몸은 허락하지 않았지만 내가 진실로 마음은 허락하였으니 죽을 때까지 마음을 바꾸지 않으리라. 무릇 다른 사람이 나를 사모해서 죽음에 이르렀으니 내가 그를 저버리고서 다른 사람과 즐거워하는 것은 개, 돼지와 다를 바 없다"고 말하고는, 결혼을 하지 않으리라 선언하고 매분구를 업으로 삼아서 죽을 때까지 마음을 바꾸지 않았다.(京城有罵粉嫗者私婢也少時隣之子悅其姿貌而 挑之女謝曰踰墻穿穴吾不爲也有父母在若不舍我求吾父母許則事 諧隣子退而具弊造女父母不聽於是思慕鬱悒成疾以終女聞之泣曰是吾殺彼也且吾 不沾身於彼而我固心許之彼旣死吾心可改乎夫人慕我至於死我則負人而他人 歡是鄙是狗?也乃自誓不嫁賣粉爲業至老死不改.)

『견첩록見睫錄』은 조선의 역사·제도·문물·풍속 등을 종합해 놓은 유서類書로 완본은 6권 6책이다.
〔권1〕稟毓·符瑞·山川·都邑·陵廟, 制作, 仁德, 聖學, 風俗, 軍兵, 田賦. 〔권2〕災祥, 兵革, 事變, 士禍, 朋黨, 邦禮. 〔권3〕儒林, 校院, 孝行, 忠節, 貞烈, 師弟. 〔권4〕家法, 婚姻, 窮達, 壽夭, 科擧, 用人, 官職, 宰相, 諫臣, 守牧, 將帥, 功勳. 〔권5〕文章, 詩歌, 聰敏, 獎詡, 鑑識, 正直, 德望, 恬雅, 義氣, 誠實, 廉儉, 貪侈, 魯莽. 〔권6〕諧謔, 報應, 刑獄, 冤枉, 讖驗, 技藝, 器用, 酒食, 夢寐, 死亡, 塚墓, 靈異, 仙道, 僧佛, 娼妓, 鬼神, 禽獸, 草木, 外國. 첫 항목인 [稟毓]에는 古朝鮮과 新羅·扶餘·耽羅·駕洛에 관한 전설이 수록되어 있고, 각 항목에 따르는 내용을 略記하였는데 총 66類이다. 便覽의 구실을 하는 類書의 일종이다.(규장각한국학연구원 해제)

우리는 조선시대 매분구라는 직업을 통해 몇 가지 사실을 다음과 같이 가늠해볼 수 있다.

> 務欲精潔別置罪俎以供每製時服備時物祭以
> 焚之常恐强暴之侵佩繩與刀以自誓泣血三年
> 來霽對人面旄間
> 湖南朴姓人患大風瘡醫云食人內可療其妻潜割
> 股肉稱牛肉而饋之如是數次夫疾漸良而妻將
> 死夫攷食之幾無股又問醫曰云殺牛取肝乘熟
> 付之恨十頭則生朴生貧無力告于官□使屠者
> 諸其家連宰十牛而付之妻亦獲生糶兵使斗山
> 給稻百包俾爲藥餌 _慢錄_
> 京城百罵粉嫗者私婢也少時隣之子悅其姿貌而
> 挑之女罵曰踰牆穿穴吾不爲也有父母在吾不

『견첩록』에 실려 있는 매분구에 대한 기사

첫째, 결혼하지 않고 혼자 사는 여성이 선택할 수 있는 직업으로 매분구가 있었다는 점이다. 이로써 이 직업의 경제적 소득 수준을 헤아릴 수 있다. 이 여성은 결혼해서 남편에게서 경제적 지원을 받을 수 없는 처지였기에 매분구를 직업으로 선택해 경제적으로 자립했다.

둘째, 이 여인이 이웃 남자가 반할 만한 미모를 지닌 여성이었다는 점이다. 이 여인의 미모에 반해 이웃집 남자는 혼인하고자 애를 태웠다. 그러나 여인의 부모는 그런 남자에게 딸을 시집보내기 싫어했으니, 이는 여인의 부모가 딸에 대한 자부심이 있었기 때문일 것이다. 이러한 사실은 매분구라는 직업을 선택할 때에 여성의 미모가 중요하게 작용한 것으로 짐작하게 한다. 이 매분구의 뛰어난 외모는 화장품 판매를 높일 수 있는 요소가 되었으리라고 본다.

  셋째, 매분구로 살면서 평생 독신으로 살아간 이 여성을 이 글의 저자가 칭찬하고 있다는 점이다. 이는 사실 문장의 행간에서 느끼는 의미이며, 정절을 지키면서 살아가는 많은 여성들 가운데 어느 매분구의 일화를 끌어들여 실례로 들고 있다는 점에서 매분구에 대한 사회적 인식이 그리 나쁘지 않았음을 보여준다.

관형찰색으로 순조의 얼굴을 살핀 홍욱호

정조년간에서부터 순조 때까지 궁중에서 어의로 활동한 홍욱호洪旭浩는 진단에 뛰어난 인물로 평가받았다. 그는 특히 순조가 각기脚氣, 흉격胸膈의 담음痰飮 등으로 고통 받는 것을 정확하게 진찰하여 치료했다. 『조선왕조실록』 순조 11년 9월 5일의 기록에 다음과 같은 내용이 있다.

봉모당奉謨堂에 나아가 전배展拜하고, 중일각中日閣에 나아가 시임 · 원임 대신과 각신閣臣을 소견하였으며, 이어서 약원藥院에서 입진하였다. 영부사 이시수李時秀가 아뢰기를, "제절諸節이 며칠 전과는 더욱 어떠합니까?" 하니, 임금이 말하기를, "특별히 더하거나 줄어든 것이 없다" 하자, 우의정 김사목金思穆이 아뢰기를, "홍욱호洪旭浩는 본래 선비 출신의 의원이니, 다른 의관醫官과는 차이가 있습니다. 그리고 연석筵席에 익숙하지 못하니 주선周旋하여 진찰할 즈음에 만약 천천히 하도록 한다면 성심을 다할 수 있을 것이니, 그로 하여금 조용히 진후診候하게 하소서" 하니, 임금이 옳게 여겼다.

이시수가 아뢰기를, "의원이 진찰하는 법은 진맥뿐만이 아니고 모습과 얼굴빛을 관찰하는 것이 더욱 긴요한 것이니, 특별히 홍욱호에게 명하여 천안天顔을 우러러보도록 하는 것이 좋을 듯합니다" 하니, 임금이 말하기를, "우러러보게 하라" 하였다.

홍욱호가 진맥을 마치고 아뢰기를, "좌촌관左寸關에 약간의 활체滑體가 있으니, 가슴 위에 담후痰候가 있는 듯합니다" 하니, 임금이 말하기를, "우러러보니 어떠한가?" 하자, 홍욱호가 아뢰기를, "소신小臣이 한 번 우러러보았을 뿐인데, 어찌 감히 우견愚見이 있겠습니까?" 하니, 임금이 말하기를, "차례로 말하도록 하라" 하자, 홍욱호가 아뢰기를, "피부(肌膚)는 평시와 같지만 옥색玉色은 약간 누른빛이 있는 듯한데, 모르기는 하겠습니다만, 천안天顔이 본래 그렇습니까?" 하니, 김사목이 아뢰기를, "증후症候에 대한 제절諸節을 상세히 하교한 연후라야 탕제를 의정議定할 수 있습니다" 하였는데, 임금이 말하기를, "증후는 비록 두통·복통 등 병자와 같은 모양의 여러 가지 증상은 없지만, 대체大體를 가지고 말한다면 금년이 작년만 못하고 작년이 재작년만 못하다. 운동거지運動擧止가 알지도 못하고 깨닫지도 못하는 가운데 저절로 이와 같다" 하자, 김사목이 아뢰기를, "조동跳動하는 증후는 요사이 어떠합니까?" 하니, 임금이 말하기를, "가끔 있다" 하자, 홍욱호가 아뢰기를, "가슴 위에 담痰이 있는 것 같으니 조동하는 증상은 그럴 것입니다. 탕제는 물러나서 여러 의관들과 상세하고 확실히 강론한 연후에 의정하는 것이 좋겠습니다" 하였다.

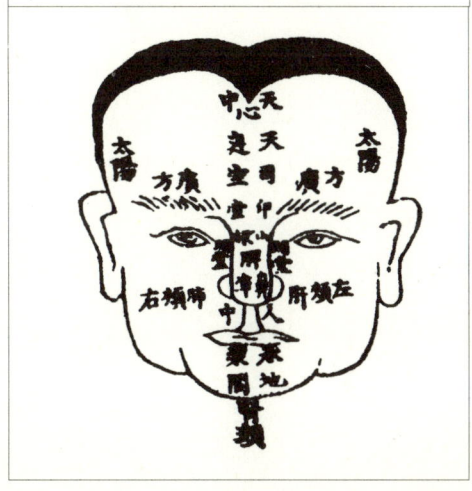

『동의보감』에 실려 있는 명당부위

앞의 기사는 우리에게 몇 가지 점을 시사한다. 첫째, 홍욱호가 관형찰색觀形察色, 즉 겉모습의 형태와 피부의 색깔로 질병을 진단하는 데에 뛰어난 의원으로 언급하고 있음이다. 당시 명의로 판단하는 기준은 진단의 정확성이었는데, 특히 홍욱호는 겉모습을 보고 판단하는 망진望診과 맥을 잡아 알아내는 맥진脈診에 뛰어난 인물로 정평이 나 있었다. 이는 영부사 이시수가 홍욱호를 평가한 발언에서 확인된다.

둘째, 순조의 얼굴을 보고 질병을 판단하고 있음이다. 유교를 국교로 삼은 조선시대에 임금의 얼굴을 쳐다본다는 것은 매우 불경스러운 일이었다. 앞의 기사에서 알 수 있듯이 홍욱호 같은 의원일지라도 임금

우리나라의 피부미용과 문화

의 허락을 받아야만 볼 수 있는 상황이었다. 홍욱호는 허락을 받고 잠시 동안 임금의 얼굴을 바라본 뒤에 "피부는 평시와 같지만 옥색은 약간 누른빛이 있는 듯한데, 모르기는 하겠습니다만, 천안이 본래 그렇습니까?"라고 말한다. 약간의 누른빛이 있다는 표현에서 순조가 평소와 다른 얼굴빛을 띠고 있음을 알 수 있다.

셋째, 관형찰색으로 얼굴 피부의 상태를 판단하는 방법은 피부미용에도 활용할 수 있는 방안이라는 점이다. 이틀 후에 삼호온담탕蔘胡溫膽湯이라는 약제를 처방했는데, 이는 흉격에 가득한 담음을 치료하는 처방이다. 피부의 변화 상태를 약물로 개선하려는 약물요법의 하나로 볼 수 있다.

한방화장품과 환경

　환경오염에 대한 문제가 대두된 것이 한두 해의 일이 아니다. 전 지구적으로 산업화로 진행되면서 공해와 수질오염 등으로 생태계의 파괴는 물론 각종 부작용을 낳고 있다. 환경단체들은 공해물질 배출억제를 위한 법률 제정, 전 지구적 자발적 환경운동 등을 구호로 내세우면서 환경파괴에 맞서고 있지만 전 지구적으로 자행되는 각종 환경파괴를 막아내기에는 역부족인 듯하다.
　이러한 시점에서 한방 약재가 원료인 한방화장품의 환경친화적 원리에 한 번쯤 관심을 가질 필요가 있지 않을까. 이를 몇 가지로 정리해 본다.
　첫째, 자연 원료를 기초로 하는 한방화장품의 환경친화성이다. 한약은 자연계에서 산출되는 자연물이다. 대체로 식물성의 본초들이지만 일부는 동물성과 광물성 등의 약재가 포함된다. 동물성 약재는 자연적 야생에서 산출하여 가공한 약물들로 되어 있다. 자연 원료를 기초로 하기에 한방화장품은 각종 변용된 화장품들에 비해 그 원료가 순수하다고 할 수 있다.

둘째, 한방화장품은 환경에서 발생하는 온갖 사기邪氣로부터 피부를 지켜주는 보호작용을 한다. 자연계는 바람, 찬 기운, 더위, 습기, 건조한 기운, 불기운(이를 풍한서습조화風寒暑濕燥火로 표현한다)이라는 육기六氣로 구성되며, 이 기운들이 지나치게 커지면 사기로 돌변해 인체 피부에 침범하여 각종 질병을 일으킨다. 피부에 한방화장품을 바르는 것은 곧 한약을 피부에 발라 사기를 막아내는 한방요법의 일종이다. 실제로 한의학에서 사용하는 각종 외용제는 피부에 나타나는 각종 질환들을 없애줄 뿐 아니라 외부의 사기를 막아주는 역할도 충실히 수행한다.

셋째, 한방화장품의 환경친화적 순환성이다. 한방화장품은 자연물을 원료로 하기 때문에 일부 성분이 자연계에 흘러들더라도 금방 동화되어 생태계를 오염시키지 않는다. 만물이 생로병사하면서 자연에 동화되어 다시 반복적으로 탄생되는 원리가 그 안에 포함되어 있는 것이다. 유해로운 물질이 포함된 화장품이라면 그 물질이 풀어져 없어질 때까지 환경문제가 발생할 것이다. 우리는 산업혁명 이후 지구 곳곳에서 기형아의 출산과, 중금속 오염에 따른 각종 질병 등 산업재해를 경험해 왔다. 한방화장품은 자연물을 원료로 하여 환경친화적 순환성을 가지고 있으므로 이러한 문제점을 해결해나갈 수 있을 것이다.

넷째, 한방화장품이 갖고 있는 자연적 이미지이다. 한방화장품은 자연적 아름다움을 가꾸기 위해 사용된다. 발랐을 때 인공적으로 꾸민 듯한 이미지와는 전혀 다른 편안함을 준다. 그러므로 환경을 논의할 때

신윤복의 풍속화. 자연친화적 아름다움을 묘사하고 있다

충분히 떠올릴 수 있는 개념이다. 한방화장품의 이미지가 환경과 연결될 수 있다고 보는 것은 한방화장품이 지니고 있는 '비인공적 자연미' 때문일 것이다.

음식과 피부미용

최근 음식에 대한 관심이 높아지고 있다. 게다가 세계적으로 일어나고 있는 한류 열풍 속에서 한국 음식을 세계화하여 세계시장에 진출하려는 시도가 활발하다. 어느 공중파 방송에서 '왕의 밥상'이라는 제목의 6부작 다큐를 제작하여 치료의학으로서의 궁중음식의 의미를 재조명하기도 했다. 필자 역시 이 다큐에 적극 출연하여 궁중음식 속에 배어 있는 한의학적 요소를 찾아내 부각시키고자 했다.

'약선藥膳'이라는 용어로 정의되는 '음식치료'의 개념은 조선시대 궁중에서 축적된 의학적 치료경험이며, 현대 사회에서 귀감으로 삼을 만한 요소가 무궁무진하다. 이는 당시 군주가 음식물을 지나치게 섭취하고 그에 비해 운동은 부족하여 각종 성인병에 노출되어 있었으므로 이를 해결할 방안으로써 음식치료에 대해 계속 연구했기 때문이다. 조선시대 군주들이 크게 고통 받았던 질환이 피부질환이라는 점을 생각할 때 이 피부질환을 치료하기 위한 음식요법은 곧바로 피부미용 관리의 방법과 연결된다.

잡티 없고 윤기가 흐르는 촉촉한 상태로 피부를 유지하기 위해서는 좋은 화장품을 사용하는 것이 중요하다. 아울러 좋은 피부관리법으로 관리해야 한다. 이때 피부를 관리하기 위해 어떤 시간에 어떤 피부미용제를 어떻게 사용할 것인가가 중요하다. 이와 더불어 규칙적인 생활관리도 중요하다. 일어나는 시간, 출퇴근 시간, 식사 시간, 취침 시간 등은 인체의 기능을 일정하게 유지하는 데에 필수요소들이다.

이 가운데 음식은 중요한 요소이다. 우리는 하루에 세끼 이상의 음식을 섭취한다. 성인병의 원인 가운데 가장 큰 것은 칼로리 높은 음식의 무절제한 섭취이다. 최근 피부병 질환인 아토피가 만연한 것도 우리의 식생활이 서구적 식생활 방식으로 바뀌었음에도 이에 대한 대책을 세우지 못한 것이 그 원인이다.

아마 한국 역사상 이렇게 높은 칼로리의 음식을 섭취한 시대는 현대 이외에는 없었을 것이다. 고칼로리의 햄버거, 피자 등 정크푸드junk food, 즉 부실한 음식의 섭취로, 한국인이 수천 년 동안 이어왔던 식사 형태에 장애를 일으켜 체질적 괴리가 일어나 아토피 같은 피부계통 질환으로 나타나게 된 것이다.

『동의보감』에서는 이렇게 말한다.

> 음식 맛을 엷게 하면 사람으로 하여금 정신이 상쾌하고 기가 맑아지게 한다.(五味淡薄令人神爽氣淸.)

이 말은 음식을 담백하게 먹으면 인체의 정신과 기운이 맑아져 건강해진다는 의미이다. 『동의보감』에는 얼굴에서 열이 나는 어떤 사람의 원인을 '고량적열膏粱積熱', 즉 칼로리 높은 음식을 지나치게 섭취해 열기가 쌓여서 생긴 것으로 보고, '조위승기탕調胃承氣湯'이라는 설사약에 황연黃連을 넣어 치료하는 것을 볼 수 있는데, 이는 음식에 따른 얼굴 피부 손상을 치료하는 하나의 예이다.

    조선시대 왕들이 피부병이 많았던 원인을 그들이 섭취한 칼로리 높은 음식물에서 찾는 것도 이러한 이유에서이다.

4

한의학과 피부미용

한의학적 아름다움이란

'아름다움'의 기준은 시대, 연령, 국가, 가치관 등에 따라 일정하지 않으며, 시대적 사조와 국가적 상황 등에 따라 바뀔 수 있다. 우리는 신윤복(1758~?) 화백의 미인도와, 양귀비(719~756)와 클레오파트라 등 각 시대 미인의 기준이 지금 시대의 기준과는 차이가 있음을 발견하게 된다. 같은 시대를 살아가는 현대에도 서양인들이 선호하는 동양인의 미인상은 동양인이 선호하는 미인상과 많은 차이가 있다. 아름답다고 느끼는 기준이 인종, 국가에 따라 다르기 때문이리라.

한의학적으로 아름답다고 하는 것은 무엇을 의미할까? 참 대답하기 힘든 질문이다. 우리가 어떤 사람을 보고 미인 또는 미남이라고 생각하는 것은 절대로 우리의 지각을 의도적으로 조작하여 느끼는 것이 아니라 즉각적으로 '이쁘다', '못생겼다'라고 시각에서 곧바로 느낌으로 전달되어 반응한다. 그럼에도 '한의학적으로 아름답다는 것'은 무엇인가를 정의해 볼 필요가 있는 것은 '아름다움'과 '건강'이 짝을 이루는 새로운 아름다움에 대한 가치관을 제시할 수 있기에 그렇다. '보약', '건강식품' 등 한의학에 대한 왜곡된 인상이 우리 사회에 현존하는 이 때에 '한의학적 아름다움'에 대한 제대로 된 개념 정의를 제시한다는 것은, 왜곡된 한의학에 대한 인상을 바꾸는 것일 뿐 아니라 한의학적 아름다움의 중요성을 국민에게 보급한다는 데에 큰 의미가 있다고 본다.

한의학적 아름다움이라는 가치관은 '한국적'이라는 데에도 큰 의미가 있다. 제아무리 세계화의 시대라 하더라도 우리 국민 모두에게는 우리의 것에 대한 향수가 의식 속에 자리 잡고 있다. 그리고 '한국적'이라는 이미지는 한류를 바라는 외국인들에게도 충분히 이해시킬 수 있는 새로운 가치관이 될 수 있다. 이미 중국에서 한국 성형수술 여행 패키지 상품이 유행하는 것을 보면 '한국적'이라는 것이 외국인들에게 어필할 수 있음을 증명하고 있는 셈이다.

필자는 다음에서 '한의학적 아름다움'을 시론적으로 몇 가지 측면에서 정리해보고자 한다.

첫째, 한의학적 아름다움은 자연미自然美를 말한다. 너무나 뻔한 말이라고 느낄지 모르겠지만, 이 말을 다시 한 번 한의학과 연결하면 새로운 개념이 마구 떠오를 것이다. 한의학에서 사용하는 약물인 '한약'은 자연에서 나오는 생약이 기초이다. 한약에는 식물성, 광물성, 동물성 약재를 모두 포함하며, 인공적 가공을 최대한 억제하고 자연 그대로의 효과를 얻도록 하는 한약의 용법은 자연미를 발현하는 데에 연결할 수 있는 방법론이다. '자연미'라는 말은 인공적 조작이 아닌, 그 자체의 본래적 원형을 드러내는 아름다움이다. 자연에서 채취한 한약이 인체에 들어가서 어떻게 작용하는지는 자연적 상태에서 해당 약물이 가지고 있는 속성에 대한 감별에서부터 출발하므로, 자연적 상태란 해당 약물이 자라나는 외부적 환경과 계절과 약물의 성격 등으로 구성되는 조합이다. 그러므로 자연에서 채취된 약물을 피부미용에 활용한다는 것은 자연과 합일하는 과정이 되며, 이러한 자연과의 합일과정을 통해 아름다움은 자연스럽게 드러나게 된다.

둘째, 한의학적 아름다움은 '친환경적 아름다움'을 말한다. 한의학에서 사람은 외부환경과 끊임없이 소통하는 것으로 본다. 외부환경은 사람에게 영향을 미치는 각종의 기운을 말하며, 풍한서습조화風寒暑濕燥火의 육기六氣를 뜻한다. 풍한서습조화란 외부에서 인체에 영향을 미치는 여섯가지 기운인 바람, 찬기운, 더위, 습기, 건조한 기운, 열 등이다. 여섯 가지 기운에 순응하는 것이 건강을 유지하는 방법이라는 것이 한의학적 건강법의 하나이다. 최근 환경문제가 전 지구적인 문제로 떠오르고 있는 시점에서 환경을 정복의 대상으로 보지 않고 화합의 대상으로 여기는 한의학적 환경론은 새로운 아름다움의 기준이 될 수 있다고 본다.

셋째, 한의학적 아름다움은 '조화의 아름다움'이다. '조화의 아름다움'이란 편벽되지 않고 원만한 화해가 깔려 있는 아름다움을 말한다. 얼굴은 인체의 오장육부가 드러나는 곳이다. 오장육부는 해당 장부의 신기神氣가 활동하는 영역으로, 해당하는 기운은 이목구비와 피부로 나타난다. 간장의 기운은 눈, 심장의 기운은 혀, 비장의 기운은 입, 폐장의 기운은 코, 신장의 기운은 귀, 육부의 기운은 피부로 드러난다는 것이 한의학 이론의 기초이다. 이목구비가 조화롭지 못하고 편벽된 것은 해당 장부가 한쪽으로 치우쳐 있는 상태를 밖으로 표출한 것을 의미한다. 이것을 화장으로 극복할 수 있다면 그 사람의 삶에 직간접으로 화장이 영향을 미친 것이 된다. 화장이 오장육부의 치우친 모양새를 보완해주므로 그 사람의 인생에 긍정적인 변화를 안겨준 셈이다. 얼굴의 조화를 표현하는 것을 목표로 하는 화장은 한의학적 조화론과 일맥상통하는 것이다.

넷째, 한의학적 아름다움이란 '내외일치의 아름다움'이다. 한의학적 관점에서 인체의 외부인 피부는 인체 내부와 밀접하게 연관되어 움직이고 있다. 피부에 붉은색의 얼룩이 나타나는 것은 인체 내부에 어혈瘀血과 같은 혈액 불순不順이 발생한 것을 의미한다. 얼굴이 붉게 달아오르는 것은 단순히 열이 올라온다는 하나의 현상만으로 접근할 수 없으며 열이 올라오게 된 원인에 집중하여 그 소처를 찾아서 치료해야 한다. 피부가 거칠어졌다는 것은 진액이 피부로 공급되지 못하는 각종의 원인을 분석해야 해결될 수 있는 현상이다. 이와 같은 피부질환의 각종 원인들을 인체 내부와 연관시켜 찾는 것이 한의학적 원인론의 하나이다. 한편, 치료하는 방법은 내과적인 방법과 외과적 외용약을 선택하여 사용한다. 외부적으로 아름답지 못하게 억울抑鬱된 상태로 드러난 피부 상태는 외과적 약물을 도말하여 내부의 상태의 변화를 유도하여 개선될 수 있는 것이다. 물론 내과적인 방법으로 외과적인 질환을 치료하는 방법도 효과적이지만, 그 반대의 경우도 유용하게 활용되고 있으므로 상호 보완적인 방법으로 활용할 수 있을 것이다. 피부는 인체의 내부와 끊임없이 소통한다. 그러므로 피부의 아름다움은 내외가 조화로운 상태를 획득할 때만이 가능하게 되는 것이다. 피부미용의 목표가 바로 여기에 있다.

다섯째, 한의학적 아름다움은 '피부의 활력'에 있다. 활력이란 '건강미'와도 통한다. 피부가 힘이 없고 윤기가 떨어지고 주름진 것은 활력이 부족한 것을 의미한다. 이는 전신적으로 기운이 부족한 것이 피부에 드러난 것이며, 피부만을 탓할 수 없다. 피부가 단지 인체의 상태를 표현한 것뿐이다. 그 반대로, 피부에 활력을 불어넣어 주는 것은 전신적으로 기운을 보충해주는 의미가 된다. 피부에 활력을 불어넣기 위해 시행하는 경락요법이 전신적으로 쾌적한 느낌을 주는 것은 그러한 이유 때문이다. 화장의 목표 가운데 놓치기 쉬운 '피부의 활력'이라는 단어는 한의학적 아름다움에서 중요하게 다루어야 할 키워드이다.

여섯째, 한의학적 아름다움은 '신색神色의 택요澤夭'에 달려 있다. '택요'란 윤기가 흐르는 건강한 상태가 반영된 '택澤'과 건강하지 못한 상태를 반영하는 '요夭'를 조합한 말이다. 피부로 드러나는 색깔은 간·심·비·폐·신 오장의 신神의 상태가 반영된 것이다. 오장 각각에는 청·적·황·백·흑의 다섯 색깔이 배속되지만, 보다 더 중요한 것은 색깔에 반영된 건강미이다. 같은 색깔이라도 죽음을 나타내는 색이 있고, 건강을 나타나는 색이 있다. 예를 들면 의서醫書에서는, 같은 노란색이라도 황토색이 나타나는 것은 안 좋고, 비단으로 웅황雄黃을 싼 것 같은 색은 좋다고 한다. 그러므로 어떤 색조의 화장을 하는가에 따라 그 사람의 오장의 상태를 반영하는 신색의 변화를 꾀할 수 있게 되는 것이다.

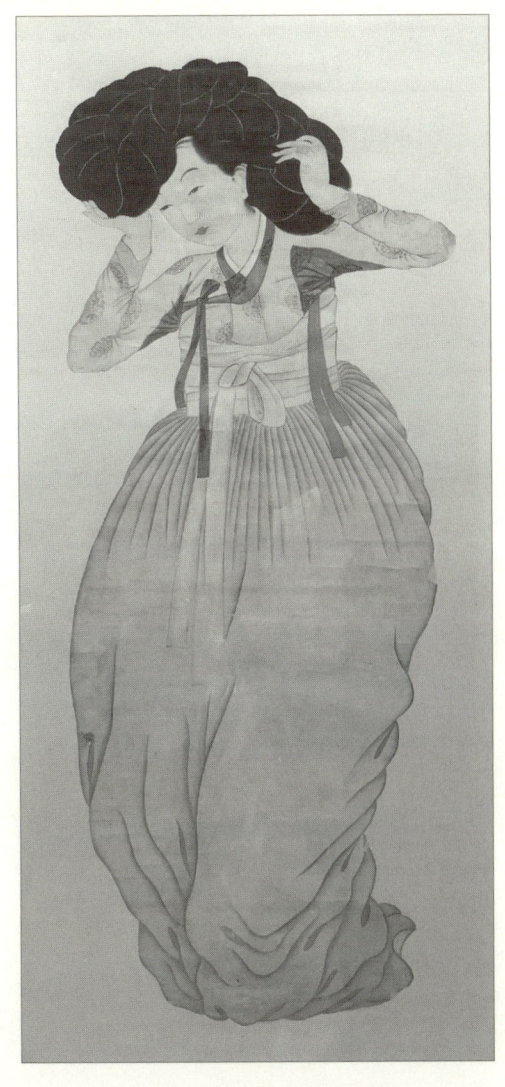

18세기 후반에서 19세기 전반에 그린것으로 추정되는 작가 미상의 미인도.
고산 윤선도의 유물을 정리하는 과정에서 발견되었다고 한다.

한의학의 주름과 개선법─주름의 한의학적 해석

나이가 들어 피부에 주름이 잡히는 것은 자연스러운 현상이다. 세월이 흐르면서 오장육부의 정기가 줄어들어 피부에 윤기가 공급되지 못해 꺼칠해지면서 탄력이 부족해져 주름이 잡히는 것이다. 해가 지나면서 나이테가 늘어나는 나무처럼 피부 주름은 피할 수 없는 인간의 업을 담는 세월의 그릇인 것 같다.

일찍이 기대승(奇大升, 1527~1572)은 「정자중의 '술회'에 차운해 퇴계 선생께 올리다(次韻鄭子中述懷 呈退溪先生)」라는 제목의 시에서 다음과 같이 읊었다.

> 본래의 학업 마침내 헛것 되고(素業竟成虛)
> 흐르는 물과 같은 세월 슬퍼하노라(歲月悲逝水)
> 머리털도 희끗희끗해지려 하고(鬢髮欲蒼浪)
> 주름진 얼굴에 이도 드물어졌도다(皺面仍豁齒)
> 오히려 한 마음 간직하여(猶如一寸心)

힘쓰고 힘써 흔들리지 않으려네(勉勉思不二)

늘 마음 일깨워 더욱 노력하여(提掇益努力)

자포자기하지 않으려네(庶幾毋自棄)

아마도 기대승도 세월의 흐름으로 나타나는 주름진 얼굴을 받아들이기 힘들었던 모양이다.

피부가 윤기가 없어지면서 주름이 잡히는 증상을 『동의보감』에서는 색택증索澤證이라고 한다. 색택증에 대해 『동의보감』「외형편」, '피문皮門'에서는 다음과 같이 말한다.

내경內經에서 다음과 같이 말했다. 삼양三陽이 병들면 한열寒熱을 일으키며, 그것이 색택(索澤, 피부에 윤택한 기운이 없음)이 된다. 왕빙王氷의 주석에서는 "색索은 다한다는 뜻이다. 정혈精血이 말라버렸기 때문에 피부皮膚의 윤택한 기운이 모두 다 없어진 것이다"라고 하였다. ○족소양足少陽의 맥脈이 병들면 몸에 고택(膏澤, 촉촉하게 젖어 있는 상태)이 없다.〈영추靈樞〉○허손虛損의 질병은 일손一損이 폐肺를 손상하는 것이니 피부가 모이고 털이 떨어지니(皮聚而毛落), 사군자탕四君子湯(방견기문方見氣門)이 마땅하다. 심폐心肺가 모두 허해지면 팔물탕八物湯이 마땅하다.〈강목綱目〉○피부皮膚의 색택索澤은, 즉 중경仲景의 이른바 피부갑착皮膚甲錯이다. 무릇 피부가 깔깔하여 활택滑澤하지 않은 것이 이것이다.〈강목綱目〉○폐는 기氣를 돌려 피모皮毛를 따뜻하게 해주는 것이다. 기가 운용되지 않으면 피모皮毛가 타게 되고 피모皮毛가 타면 진액津液이 없어지고, 진액津液이 없어지면 피부의 결이 상한다. 진액이 이미 없어지면 손톱이 마르고 털이 부러져서 죽는다.〈綱目〉○ 오로五勞로 허가 극에 달하면 이수贏瘦해지고, 안에 건혈乾血이 있으면 피부의 껍질이 어그러진다.〈중경仲景〉

여기에서 "피부가 모이고 털이 떨어지니(皮聚而毛落)"라는 것은 주름잡히는 모습을 묘사한 것이다. '피부가 모인다(皮聚)'는 것은 피부 표면이 쭈글쭈글해진다는 뜻으로 주름잡힌 모습을 나타낸다. 피부가 쭈글쭈글해지는 원인은 순전히 폐의 기가 제대로 돌지 못하는 것과 관련이 있다. 폐에 기가 돌지 않아 진액津液이 공급되지 못해 진액이 없어지게 되어 끝내 피부가 상한다.

오로五勞라는 질병의 원인 가운데 폐로肺勞가 중요한 원인이라고 꼽는 것은 피부와 폐의 연관성을 염두에 둔 것으로, 한의학의 기초이론에 근거한 인식이다. 피부는 인체 외부에 존재하는 일종의 호흡기관으로 폐와 일맥상통하는 점이 많다. 실제로 피부는 폐에 보조적인 역할로 호흡작용을 하는 것으로 알려져 있다.

『동의보감』에서는 손상된 피부를 되살리는 방법으로 건조해진 피부에 진액을 공급하는 방법을 제시한다. 팔물탕이 그 처방이며, 이 처방은 기혈이 부족해 피부가 느슨해진 상태를 개선하기 위해 설방設方된 것이다. 팔물탕은 기를 보충해주는 사군자탕과 혈을 보충해주는 사물탕을 합하여 처방한 것으로, 기와 혈을 함께 보충해주는 대표적인 처방이다. 피부에 기혈이 공급되지 않으면 무력한 피부가 되기 십상이다.

무력한 피부가 탄력이 없는 주름진 피부로 바뀌는 것은 시간 문제이다.

피부미용에서 주름 개선을 중요한 목표로 설정하는 것은 한의학적 치료의 개념에서 보면 당연하다. 피부에 드러난 주름은 해당 장기의 기혈 부족을 표출하는 것으로, 그 원인을 겉으로 드러낸 것이다.

얼마 전 모 잡지에서 미국의 유명한 여배우가 노화된 얼굴로 바뀐 것에 놀라는 기사가 실렸다. 공개된 사진 속의 그 여배우는 탄력 없이 늘어진 피부, 주름진 입술 등 급격하게 노화된 모습이었다. 이에 외신들은 남편의 외도에 따른 불화로 극심한 스트레스를 받고 있는 것이 아니냐는 추측을 쏟아냈다.

이 유명 배우의 외모 변화는 '탄력없이 늘어진 피부', '주름진 입술' 등으로 표현된다. 특히 외신에서는 그 원인을 연하의 남편 외도에 따른 극심한 스트레스로 진단한다. 분명 최고의 메이크업 아티스트가 그녀 얼굴의 피부관리를 맡아 분명히 주름진 피부 정도는 가려낼 수 있는 방안이 있을 텐데도 감추지 못하는 것을 보면 상태가 심각한 모양이다.

이 대목에서 필자는 피부를 관리할 방안에 대한 새로운 차원의 접근이 필요하다고 본다. 그 방안은 '한방화장품'의 맥락에서 찾을 수 있다. 여기에서 '한방화장품'이라고 표현한 것은 내용물을 '한방 원료로 만든 화장품' 뿐 아니라 한방적 개념의 피부미용 개념, 한방적 피부관리 방안, 한방화장품을 사용하는 소비자의 인식 등을 모두 아우른다. 이러한 인식들까지 아우르는 총체로서 한방화장품의 개념이 확고하게 자리 잡고 작용할 때에 이 문제에 대한 합리적 방안을 이끌어낼 수 있으리라 생각한다.

먼저, 주름에 대한 한의학적 인식이다. 주름은 한의학에서 노화 과정의 하나로 파악한다. 주름이 생기는 것은 인체의 정혈精血이 부족한 과정에 드러나는 자연적 현상이다. 사람은 누구나 나이가 들면 정혈이 부족해지는 과정을 겪는다. 이는 『동의보감』「내경편」의 '신형문身形門'에 '연노무자年老無子'라는 글에서 잘 나타난다. 『황제내경黃帝內經』「소문素問」'상고천진론上古天眞論'을 인용한 그 글은 다음과 같다.

여자는 7세가 되면 신기腎氣가 차오르기 시작하여 유치乳齒를 갈고 머리카락도 길게 자랍니다. 14세가 되면 천계天癸가 이르러 임맥任脈이 통하며 태충맥太衝脈이 성해져서 월경이 때에 맞추어 나오기 때문에 아이를 낳을 수 있습니다. 21세가 되면 신기腎氣가 충만해지므로 진아(眞牙, 사랑니)가 나오고 모든 치아가 완전하게 발육됩니다. 28세가 되면 뼈와 근육이 단단해지고 머리카락의 생장이 극에 달하며 신체가 강성해집니다. 35세가 되면 양명맥(陽明脈, 얼굴에서 끝나고 시작되는 수족양명경맥을 말함)의 기혈氣血이 점차 쇠하여 얼굴이 시들고 머리카락이 빠지기 시작합니다. 42세가 되면 상부로 순행하는 삼양맥(三陽脈,, 얼굴에서 시작되고 끝나는 수족소양경맥·수족양명경맥·수족태양경맥을 말한다)의 기혈이 쇠약해져서 얼굴이 완전히 시들고 머리카락이 세기 시작합니다. 49세가 되면 임맥任脈이 허해지고 태충맥太衝脈의 기혈도 쇠약해져 천계가 고갈되면서 월경이 없어지므로 몸이 쇠약해지고 늙어 아이를 낳지 못하게 됩니다.(동의문헌연구실 펴냄, 『신편대역 동의보감』, 법인문화사, 2005, 200~201쪽)

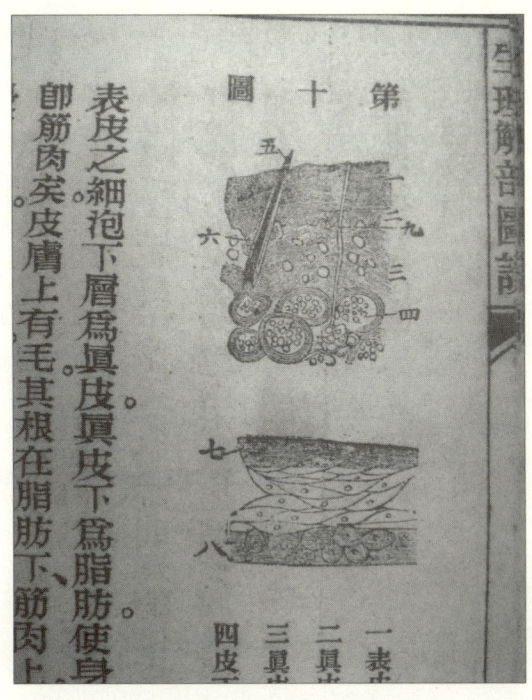

『생리해부도설生理解剖圖說』에 실려 있는 피부 그림

이 글에서 여성이 35세 이후 얼굴이 주름지고 초췌해지고 머리카락이 빠지는 과정을 이야기하고 있다. 그리고 그 원인을 신기腎氣의 쇠퇴에서 찾고 있다. 따라서 피부의 노화를 지연시키면서 탄력있고 윤기 있는 피부를 유지하려면 먼저 신기를 충실하게 해주는 방법을 활용해야 한다.

둘째, 스트레스에 따른 주름이 형성되는 문제이다. 우리는 스트레스를 받으면 얼굴이 초췌해지는 것을 경험적으로 익히 안다. 그러나 그 원인에 대해서는 구체적으로 생각하지 않는다. 한의학에서는 그 원인을 화火에 두고 있다. 특히 감정의 격동에 따른 심화心火의 상승을 중요한 요인으로 간주한다. 심화가 상승하면 인체에 있는 여러 음기陰氣, 즉 음적인 기운들을 소멸시켜 인체를 메마르게 한다. 대표적 음기인 진액津液은 화火 때문에 쪼그라들게 된다. 진액이 쪼그라들면 피부로 공급되는 윤기가 부족하게 되고 상대적으로 화기만 피부로 내달려 올라와 건조한 피부가 된다. 피부에 윤기가 공급되지 못하므로 주름지고 건조한 피부로 바뀌는 것은 당연하다.

그러므로 스트레스로 피부에 주름이 지면 그 사실을 인지하고 그 원인이 무엇인지에 대한 인식이 반드시 필요하다. 그리고 주름진 피부를 개선하기 위한 각종 방법을 서둘러 모색할 필요가 있다. 피부 마사지를 지속적으로 하면서 감정 조절을 위해 여가활동을 하거나, 인체에 진액을 공급하는 한약을 복용한다든지 등의 구체적인 조치가 필요하다. 이때 염두에 둘 점은 자신의 피부에 맞는 화장품의 선택이 중요하다는 사실이다. 화장품을 잘못 선택하면 피부가 좋아지기는커녕 오히려 손상된 피부에 정신적 스트레스만 늘어날 뿐이다.

셋째, 주름 개선을 위한 화장품의 역할에 대한 문제이다. 화장품이 단지 피부의 주름을 감추려는 용도로만 활용한다면 진하고 튀는 색깔의 아무 화장품이나 써도 될 것이다. 하지만 '화장품에도 철학이 있어야 한다.' 화장품을 사용하는 것은 그 화장품이 지향하는 미용에 대한 목표를 완수하기 위한 세계에 접속하는 것이다.

한방화장품의 목표는 단순히 피부 색조의 변화를 통한 인상의 변화에만 목표가 있는 것이 아니다. 피부는 인체 내부와 깊이 연결되어 있다. 피부에 한방화장품을 바르는 행위는 인체 내부의 장기의 변화를 일으키는 논리와도 연결된다. 그리고 이때 바르는 마음가짐도 깊이 연관된다. 한방화장품은 자연미를 드러내고 피부의 조화를 증진시키고 내외를 화합시키는 목표가 있다.

경락이론과 피부미용 – 12피부, 육경피부

경락은 인체의 표면을 따라 이어져 있는 기혈氣血의 운행통로를 말한다. 경락은 경맥經脈과 낙맥絡脈으로 나뉘는데, 경맥은 세로로 가는 줄기를 말하고, 낙맥은 경맥에서 갈라져 나와 온몸의 각 부위에 그물처럼 퍼진 가지들을 말한다. 경락은 안으로 오장 장부에 들어가고, 밖으로는 사지四肢에 이어져 안과 밖, 위와 아래로 통해 조직과 기관들을 하나로 연결시킨다. 그리고 기혈을 운행하여 인체에 영양을 공급하고, 각 부위의 기능을 협조적으로 유지하면서 균형을 이루도록 해준다. 이러한 원리에서 경락에 침을 놓는 것은 잘못된 기혈의 흐름을 바로잡기 위함이다.

경락의 범주에 포함되는 것들로는 12경맥十二經脈, 12경별十二經別, 기경팔맥奇經八脈, 15낙맥十五絡脈, 12경근十二經筋, 12피부十二皮部 등이 있다.

가장 중요한 것이 12경맥이다. 12경맥은 오장육부와 관련한 12개의 경맥을 합하여 부르는 것이다. 음양의 속성에 따라서 인체를 운행한다.

사지에는 양경陽經이 바깥쪽을 흐르고 음경陰經이 안쪽을 흐른다. 12경별은 12경맥으로부터 갈라져 나와 몸통과 머리를 향하여 뻗쳐 갈라진 주요한 줄기를 말한다. 기경팔맥은 독맥督脈, 임맥任脈, 충맥衝脈, 대맥帶脈, 양교맥陽蹻脈, 음교맥陰蹻脈, 양유맥陽維脈과 음유맥陰維脈으로 구성되어 있다. 기경팔맥은 12경맥 이외에 별도로 존재하는 경맥인 셈이다. 15낙맥은 12경맥, 임맥, 독맥의 낙맥絡脈과 비脾의 대락大絡을 가리킨다. 12경근은 12경맥이 분포하는 부위를 따라 근육조직을 체계적으로 연결시키는 역할을 한다.

피부미용과 관련하여 중요한 개념은 12피부이다. 12피부란 12경맥이 운행되는 길을 따라 있는 피부를 말한다. 12경맥은 태양·양명·소양·태음·궐음·소음의 육경六經을 수경手經과 족경足經으로 나눈 것이므로 이를 큰 틀에서 '육경피부六經皮部'라고 호칭하기도 한다. 육경피부는 각각 고유의 명칭이 있다. 태양피부太陽皮部는 관추關樞, 양명피부陽明皮部는 해비害蜚, 소양피부少陽皮部는 추지樞持, 태음피부太陰皮部는 관칩關蟄, 소음피부少陰皮部는 추유樞儒, 궐음피부厥陰皮部은 해견害肩이라고 부른다.

12피부는 각 경락이 흐르는 길에 속해 있으므로 그곳에 마사지나 화장품을 바르면 오장육부에 영향을 미칠 수 있다. 이와 반대로 그곳의 색깔과 형태의 변화는 인체 내부의 변화를 판단하는 진단학적 방법이 될 수 있다.

'태양피부'인 '관추'는 족태양방광경과 수태양소장경이 흐르는 길을 따라 있다. '양명피부'인 '해비'는 족양명위경과 수양명대장경이 흐

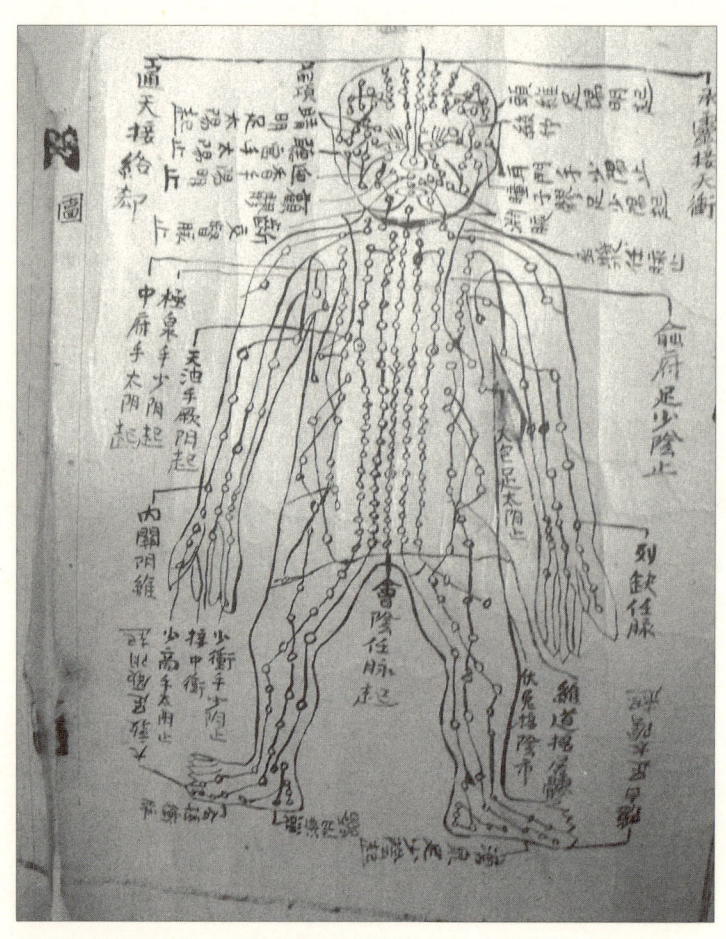

경희대 한의학역사박물관에 보관되어 있는 경락도

르는 길을 따라 있다. '소양피부'인 '추지'는 족소양담경과 수소양삼초경이 흐르는 길을 따라 있다. '태음피부'인 '관칩'은 족태음비경과 수태음폐경이 흐르는 길을 따라 있다. '소음피부'인 '추유'는 족소음신경과 수소음심경이 흐르는 길을 따라 있다. '궐음피부'인 '해견'은 족궐음간경과 수궐음심포경이 흐르는 길을 따라 있다.

경락을 마사지한다는 것은 실제로는 이 12피부를 자극하는 것이므로 시술시에 해당되는 경맥과 장부를 염두에 두고 해야 한다. 만약 장부에 병이 있다면 해당 장부와 관련 있는 피부를 마사지해도 치료효과를 얻을 수 있다. 특히 얼굴 피부미용의 경우 머리에 이르는 경락이 태양경, 양명경, 소양경 등 수족手足의 6개 양경陽經이 있으므로 이 경맥이 흐르는 피부를 마사지하면 효과적인 피부미용법이 될 수 있다.

여자포와 피부미용의 관계

여자포女子胞란 여성의 자궁(子宮, uterus)을 말한다. 태아가 분만될 때까지 수정란을 보호하고 영양을 제공하는 기능을 가지고 있다.

한의학에서는 세 가지 기능이 있다고 정리한다. 첫째는 '천계天癸'이다. 천계란 여성 생식기능의 발육에 관련한 자연의 원천을 말한다. 이러한 사실은 『소문素問』「상고천진론上古天眞論」의 "여자가 14세가 되면 천계가 이르게 되어 임맥이 통하게 되고 태충맥이 융성해져서 월경이 때에 맞추어 나오게 되어 자식을 가질 수 있게 된다(二七而天癸至, 任脈通, 太衝脈盛, 月事以時下, 故有子)"는 부분에서 확인된다. '천天'은 자연계를 통칭하며, '계癸'란 십간(十干, 갑을병정무기경신임계甲乙丙丁戊己庚辛壬癸) 가운데 북방北方의 간지干支를 일컬으며, 인체에서 음陰에 해당하는 자궁이 이에 배속된다. 여성이 14세 무렵이 되었을 때 성선性腺이 발육하여 월경月經이 시작하는 것이 바로 천계의 작용에서 비롯된다는 인식이다. 특히 천계는 여성의 피부와 밀접한 관련 있다. 여성의 월경이 순조롭지 못할 때 월경통뿐 아니라 안색이 창백해지거나 홍조를 띠는 경우가 있다. 이는 자궁에 충분한 기혈이 공급되지 못하거나 몸 전체에 담음痰飮이 많은 체질을 타고났기 때문으로 본다. 월경통이 심하면 그 때문에 얼굴을 찡그리고 주름이 잡혀 인상이 좋지 않게 바뀌고, 또 얼굴색이 창백하게 변하면 건강미가 사라진다.

둘째, 충맥衝脈과 임맥任脈의 역할이다. 한의학에서 충맥과 임맥은 모두 자궁에서 일어난다. 충맥은 생식기능을 담당하는 족소음신경足少陰腎經과 함께 족양명위경足陽明胃經과 상통하므로 12경맥經脈의 기혈氣血을 조절하는 작용을 하게 된다. "충맥은 혈해가 된다(衝爲血海)"는 표현은 곧 이러한 작용을 가리킨다. 또한 임맥任脈은 포태胞胎를 주관하며, 아랫배에서 족삼음경(足三陰經, 족태음비경足太陰脾經, 족소음신경足少陰腎經, 족궐음간경足厥陰肝經의 세 경락經絡)과 만나 몸의 음경陰經을

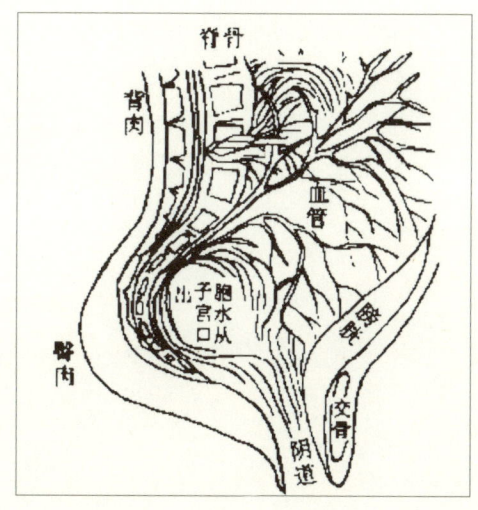

당종해唐宗海의 『중서회통의경정의中西匯通醫經精義』에 실려 있는 자궁 그림

조절한다. 12경맥의 기혈이 충분히 채워져야만 충맥과 임맥이 기혈을 넘겨받아 자궁과 소통이 되어 월경을 조절할 수 있게 된다. 특히 충맥과 임맥은 자궁에서부터 얼굴로 직간접으로 연결되기에 두 맥의 기혈이 부족할 때 얼굴에 그 상태가 곧바로 나타난다. 기혈이 부족하면 이내 얼굴이 핏기 없는 혈색이 되어 환자 같은 인상을 준다.

셋째, 심간비心肝脾 세 장부의 작용과 관련이 있다. 심心은 혈血을 주관하고, 간肝은 혈을 저장하고, 비脾는 기혈을 화생시키는 원천으로서 혈을 통괄한다. 월경과 임신은 이 세 장부의 기혈의 저장 정도와 혈액의 조절 작용에 달려 있다. 세 장부의 혈액을 조절하는 작용이 원만하게 조화를 이루지 못하면 자궁에 혈액의 공급이 원활해지지 않아 전신의 혈액 대사에 문제가 발생해 고스란히 피부로 드러나게 된다.

그러므로 자궁과 관련 있는 천계, 충맥과 임맥, 심간비 세 장부를 모두 잘 다스려야만 피부미용에 효과적인 방안이 된다고 할 수 있다.

한증요법과 피부미용

『세종실록』 세종 9년(1427년) 4월 24일 조에 다음과 같은 기록이 나온다.

예조에서 계하기를, "한증汗蒸하는 승려로 대선사大禪師 천우天祐·을유乙乳 등이 말하기를, '한증으로 병자를 치료하는 것은 인애하는 정치의 한 가지가 될 만한 일입니다. 지난 계묘년에 대사승大師僧 명호明昊가 탕욕湯浴하는 장소를 만들어서 병 있는 백성을 구제하려고 성상께 말씀을 올렸던바, 성상께서 가상하게 여기시어 바로 집을 마련해 주시고, 욕실浴室을 만들라고 명하시었는데, 일이 미처 착수되기도 전에 명호가 죽었습니다. 저희들은 그 일을 계속하기 위하여 널리 시주를 받아들이어 연전에 욕실을 증설한바, 한증으로 병을 고친 자가 계속하여 끊이지 아니합니다. 그러나 가난한 병자는 땔나무를 준비하기 어려울 뿐 아니라, 죽을 쑤어 먹기와 소금·간장 따위도 마련하기가 쉽지 아니하므로, 저희가 비록 안타깝고 민망하오나 공급할 길이 없사오니, 엎드려 바라옵건

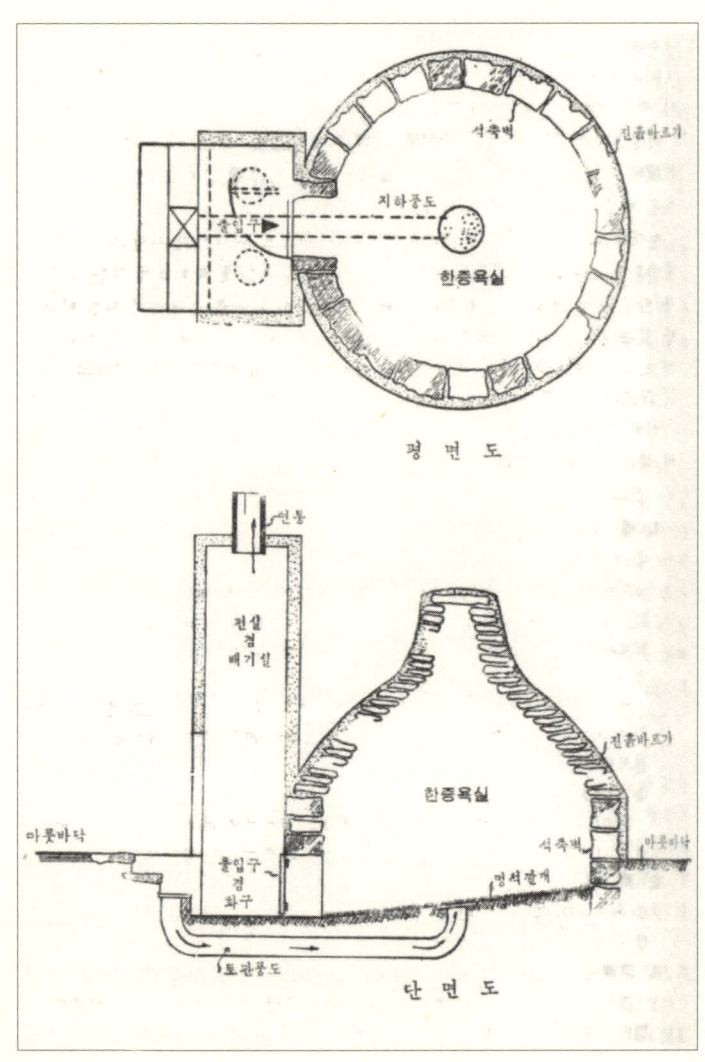

『한국의학사』에 실려 있는 '한증탕의 구조'

대 성상께서 아시게 되어 쌀 50섬과 무명 50필만 주시면 그것으로 밑천 삼아 이식만을 가지고 쓰면서 본 밑천은 도로 나라에 반납하고서 영구히 보寶을 세워【무릇 쌀이나 베를 가지고 본전 삼아 두고서 이식만 따서 영구 비용을 마련함을 보寶라고 한다.】그것으로써 병자들을 구제하는 것이 소승들의 지극한 소원이옵니다.' 하오니, 그 소원에 따라서 쌀과 베를 주고, 또 의원 한 사람을 정하여 그로 하여금 똑같은 마음으로 치료해주게 하고, 1년이 되면 교대하는 것으로 일정한 법을 삼기를 청하옵니다" 하니, 그대로 따랐다.

이 기록은 한증막汗蒸幕을 증설할 것을 예조에서 세종대왕에게 진언하는 장면이다. 한증막은 질병을 치료하기 위한 방안으로 조선 초기부터 널리 활용되었음을 증명하는 자료이다. 한증요법汗蒸療法의 방법에 대해서『동의보감』「잡병편」'한문汗門'의【蒸劫發汗증겁발한】이라는 제목의 글에서 다음과 같이 정리한다.

섶나무 불로 땅을 한참 태운 다음에 불을 쓸어버리고 물을 약간 뿌린다. 그리고 잠사, 측백나무잎, 복숭아나무잎, 쌀겨를 섞어서 그 위에 손을 세로로 세운 정도의 두께로 깐다. 그 위에 돗자리를 펴고 환자를 눕힌 다음 따뜻하게 덮어준다. 여름에는 한 겹만 덮어주어도 이내 땀이 난다. 몸통과 발바닥이 축축하도록 땀이 저절로 나면 온분溫粉을 뿌려서 땀을 닦아낸다. 가장 효험이 좋은 것은 잠사, 복숭아나무잎, 측백나무잎을 같이 쓰는 것이지만 잠사는 없어도 괜찮다. 이 방법은 병이 위급할 때는 괜찮지

만 조심하고 두 번은 쓰지 말아야 하는데, 명을 제촉하기 때문이다.(蒸法
以薪火燒地良久掃除去火以水?之取蠶沙栢葉桃葉糠?皆可用相和鋪燒地上可側手
厚上鋪草席令病人臥溫覆之夏月只布單覆之汗移時立至?周身至脚心自汗?? 乃用溫
粉(方見津液)撲止汗最得力者蠶沙桃葉栢葉也無蠶沙亦得此極急則可愼莫再作促
壽也)(법인문화사 출간, 『신대역동의보감』, 2007년, 1009~1010쪽)

    표증表症, 즉 피부에 사기가 있는 증상일 때 땀을 내야 한다. 게다가 반신불수 등 전신적 증상이 있을 때에도 땀을 내는 방법을 활용한다. 땀을 내면 피부에 윤기가 공급되어 피부가 아름답게 변하는 것은 당연지사이다. 한증탕을 자주 이용하는 사람들의 피부가 고운 것은 이러한 이유이다. 한증으로 전신적 신진대사를 원활하게 함으로써 육체적 건강을 이루어 마침내 피부로 드러나는 것이다. 땀은 피부에 윤기를 공급하는 하나의 방법이다. 그러나 지나치게 한증탕을 많이 하면 수명을 단축시킬 수도 있음을 『동의보감』에서는 경계한다. 땀을 너무 많이 내면 몸의 진액이 고갈되기 때문이다.
    위에서 바닥에 까는 데에 사용한 잠사, 측백나무잎, 복숭아나무잎, 쌀겨 등은 피부에 영양을 공급하는 약물들이다. 위의 방법은 아마도 옛날부터 한증막汗蒸幕을 만들 때 일반적으로 사용한 우리 고유의 방법이었으리라 짐작된다.

5

의서와 역사 기록 속에 보이는 한방화장품과 피부미용

『향약구급방』의 피부미용 내용 분석

　　조선시대 이전의 의서로 현재까지 존재하는 의서는 『향약구급방』이 유일하다. 현존하는 의서가 이 하나밖에 없기에 이 의서가 지니고 있는 역사적 짐은 매우 크다. 고려시대까지 존재한 의서가 어떻게 이 의서밖에 없었겠는가? 그나마 이 의서조차도 일본 궁내청宮內廳 도서료圖書寮에 보관되어 있고, 게다가 초간본이 아니라 중간본重刊本이다. 이러한 이유로 고려시대까지의 한국의학사는 거의 공백으로 남아 있다. 방개 자료들을 검토해볼 때 고려의 국력과 문화적 수준이 당시 동아시아의 최고 위치에 있었음에도, 현존하는 자료가 너무도 미비하여 고려시대의 의료 수준이 낮았을 것이라 치부되고 있어 안타깝다.

　　고려시대 의학에 대한 연구는 앞으로 메워나가야 할 빈공 간이다. 이러한 어려움 속에서 『향약구급방』은 그나마 한 줄기 희망의 빛을 우리에게 던져준다. '구급방救急方'이라는 제목에서 알 수 있듯이 구급과 관련한 내용에 국한되어 있지만 의외로 생활의료적 측면의 정보가 많이 수록되어 있다. 게다가 '향약鄕藥', 즉 우리나라에서 나는 토산 약재를 기준으로 정리되어 있다.

이 책은 고려 중후기에 몽고의 침략으로 강화도로 피난을 가 있었던 고종 시대에 『팔만대장경』을 편찬했던 대장도감大藏都監에서 만들었다. 그러므로 편찬 시기는 대략 1232년부터 1251년 사이로 추정된다. 이 책의 목적은 전란 중에 백성들이 손쉽게 활용할 수 있는 유용한 의학지식을 공급하는 것이었다. 그런 까닭에 이 책 하나로 고려시대 의학을 평가할 수는 없다. 다만 이 책의 내용을 통해 그 시기 의학의 특징의 일부를 엿볼 수 있을 뿐이다.

이 책에는 피부미용과 관련한 정보가 다수 수록되어 있는데, 이는 매우 놀라운 사실이다. 우리는 이 내용들을 분석해 이 시기 피부미용에 대한 정보를 재구성하여 역사문화적 담론으로 세워나가야 할 것이다.

다음은 관련 내용을 요약하여 정리한 부분이다.

1) 정창丁瘡

정창은 쇠못처럼 뿌리가 박혀 있는 부스럼을 말한다. 이 부스럼은 종류가 다양하지만 대체로 무절제한 생활이 원인이다. 가장 좋은 처방은 도꼬마리蒼耳子을 태워 식초에 개어서 붙이고 형개荊芥 달인 물을 마시는 것이다.

2) 부스럼이나 악성 종기

등에 부스럼이 생기면 밀가루 음식, 고기, 마늘 등을 먹어서는 안 된다. 회향, 전초 등으로 즙을 내어 환부에 붙인다. 젖이 멍울이 져서 나

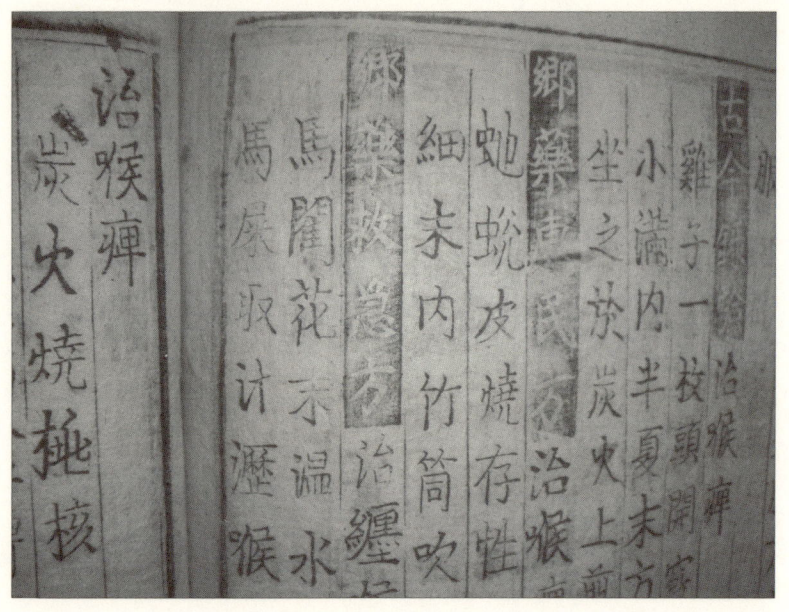
고려시대 의서 『향약구급방』의 내용이 인용되어 있는 조선 초기의 의서 『향약집성방』.

오지 않을 때는 버드나무 뿌리껍질을 잘 찧어서 불에 따뜻하게 하여 헝겊에 싸서 찜질을 한다. 부스럼이 붉어져 젖이 나오지 않을 때는 백합의 뿌리를 곱게 갈아서 환부에 붙인다.

3) 동상으로 생긴 종기(凍瘡)

꿩의 뇌를 바른다. 가지의 뿌리를 진하게 달여서 환부를 담근다. 돼지기름을 바르기도 한다.

4) 악창惡瘡 : 악성 종기

몇 년된 악창을 치료할 때는 마치현(쇠비름)이 좋다. 마치현 잎을 찧어 붙이고 몇 번 갈아주면 낫는다. 몸 전체에 악창이 생겼을 때는 개구리밥을 진하게 달인 물에 몸을 반나절 정도 담그고 있으면 좋다. 복숭아잎 달인 물도 좋다.

5) 끓는 물에 데인 부스럼

유백피를 잘라 돼지기름과 함께 달여 찌꺼기를 제거한 뒤 발라준다.

6) 단독丹毒과 은진(癮疹, 두드러기)

두드러기에는 상륙(자리공) 뿌리를 잘게 찧어 식초에 넣고 익을 때까지 고아 진흙처럼 되면 헝겊에 싸서 환부에 붙인다. 단독에는 생지황, 콩잎, 부평, 수조류(말), 번루(별꽃) 등을 찧어서 붙인다.

7) 대지창代指瘡

손가락 끝이 열이 나면서 아프고, 손톱 주위가 딱딱해지면서 고름이 생기고 심하면 손톱이 빠지는 증상이다. 꿀과 송진을 섞어 불에 녹인 다음 골무 모양으로 만들어 싸맨다. 지유를 달여서 씻거나 감초 달인 물로 씻기도 한다.

8) 표저㿔疽

갑자기 피부에 콩알만 한 두드러기가 생기는 것이다. 손가락에 잘 생긴다. 만청자 두 냥兩을 익을 때까지 볶아 곱게 빻아서 돼지기름에 개어 붙인다. 특히 손가락에 생긴 것을 생손앓이라고 하는데, 여기에는 진흙을 물에 개어서 붙인다.

9) 부골저附骨疽

큰 관절의 연결 부위나 넓적다리, 겨드랑이에 생기는 멍울이다. 돼지 쓸개와 추엽잎을 찧어서 단단하게 붙인다.

10) 버짐과 옴

버짐에는 학슬초의 줄기, 잎, 꽃을 잘게 썰어서 기름에 넣고 지져서 바른다. 오돌또기를 술에 개어서 따뜻하게 해서 붙여도 좋다.

이상의 내용들은 고려시대에 활용한 피부계통의 질환을 치료하는 처방들이다. 피부를 관리하는 데에 적극적으로 활용했던 처방들이므로 이를 통해 그 시기의 피부미용과 관련된 정보의 일단을 가늠해 볼 수 있을 것이다.

『향약집성방』에 소개된 온천의 피부미용 효과

　피부를 청결하게 해주고, 혈액 순환을 촉진한다는 면에서 온천은 피부미용에 탁월한 효과가 있다. 이러한 이유로 조선시대 제왕들은 전국의 온천에 행차하여 몸을 관리하고자 하였다. 태조·세종·세조 등은 온양온천, 태조·태종 등은 평산온천, 세종은 백천온천, 태종·세종은 이천온천, 세조는 고성온천 등을 이용한 것이 그 예이다.

　우리나라에는 경기도에 이천온천, 강원도에 척산온천·오색온천·충청북도에 능암온천·수안보온천, 충청남도에 온양온천·도고온천·덕산온천·유성온천, 전라남도에 화순온천, 경상북도에 문장대온천·도산온천·덕구온천·백암온천·상대온천·학일온천, 경상남도에 영산온천·동래온천·소답온천·부곡온천 등이 있다. 이들 온천들은 피부미용에 탁월한 효과가 있어서 피부관리를 위해 관광객들이 널리 이용하고 있다.

　온천의 효과에 대해『향약집성방鄕藥集成方』(1433년 간행)에는 다음과 같은 기록이 실려 있다.

온탕溫湯은 즉 온천溫泉이다. 모든 풍풍으로 근골筋骨이 경련하면서 위축된 것과 피부가 무디어지면서 저리는 것, 손발을 제대로 못 쓰는 것, 눈썹과 머리털이 없어지는 것, 옴과 버짐이 피부의 관절 사이에 있으면 온천에 들어가 목욕을 한다. 목욕을 하고 나면 몸이 크게 약해질 수 있으므로 질병에 따라 약과 밥을 주어 보양해준다. 별로 다른 병이 없는 사람은 쉽게 들어가서는 안 된다. 또한 그 아래에 유황硫黃이 있어서 물을 뜨겁게 하는 것이니, 유황은 모든 부스럼의 병을 치료하며 그 물도 마찬가지이다. 물에서 유황의 냄새가 나면 모든 풍랭風冷을 낫게 하는 데에 최상이다.(溫湯 卽溫泉也. 主諸風筋骨攣縮, 及皮頑痺, 手足不遂, 無眉髮, 疥癬諸疾在皮膚骨節者, 入沐浴, 乾當大虛憊, 可隨病與藥, 及飯食補養, 自非有他病人, 則無宜輕入, 又云: 下有硫黃, 卽令水熱. 硫黃主諸瘡病, 水亦宜然, 水有硫黃臭, 故應愈諸風冷爲上.)

 이 내용은 온천물의 피부미용에 대한 탁월한 효과를 강조하고 있는 것이다. 위에서는 온천물의 뛰어난 효과로, 첫째 "모든 풍풍으로 근골筋骨이 경련하면서 위축된 것"을 치료 대상으로 꼽는다. 근골의 경련과 위축을 풀어준다는 점에서 현대 한국인들의 류마티스, 신경통 등 관절 계통의 질환에 탁월한 효과가 있다는 의미이다. 둘째, "손발을 제대로 못 쓰는 것"을 치료함은 신체적 허약증에 영양을 공급하고 따뜻한 온기로 피부에 활력을 공급한다는 것이다. 셋째, "눈썹과 머리털이 없어지는 것"을 치료함은 피부에 영양을 공급하여 모발의 발육을 촉진시킨다는 것이다. 넷째, "옴과 버짐이 피부의 관절 사이에 있는 것"에 효과

服一丸細嚼茶酒任下
【本草】溫湯即溫泉也主諸風筋骨攣縮及皮頑
痺手足不遂無眉髮疥癬諸疾在皮膚骨節者
入沐浴當大虛憊可隨病與藥及飯食補養
自非有他病人則無宜輕入又云下有硫黃即
令水熱硫黃主諸瘡病水亦宜然水有硫黃臭
故應愈諸風冷爲上
初學記驪山湯博物志云凡水源有石硫黃
其泉則溫或玄神人所燠主療人疾辛氏三
秦記云驪山湯舊說以三牲祭乃得浴可以
去疾消病俗云秦始皇與神女於是

『향약집성방』에 소개된 온천의 효과에 대한 설명

가 있다는 것은 피부질환을 치료한다는 뜻이다. 다섯째, "목욕을 하고 나면 몸이 크게 약해질 수 있으므로 질병에 따라 약과 밥을 주어 보양해준다"는 것은 온천욕을 하면서 땀을 흘리는 과정에서 몸에 허해져 땀구멍을 통해 사기가 침범할 수 있으므로 몸의 기운을 보충해주어야 한다는 뜻이다. 여섯째, "유황은 모든 부스럼의 병을 치료하고 그 물도 마찬가지이다"는 것은 피부에 대한 유화의 효과를 의미한다. 유황을 외용적으로 사용하면 피부에 생긴 악창惡瘡을 제거하여 피부미용에 탁월한 효과가 있다고 『동의보감』 같은 의서에도 기록되어 있다.

온천욕으로 피부관리를 했던 세종대왕

조선 4대 임금인 세종대왕은 온천욕을 즐겼던 것으로 유명하다.『조선왕조실록』에는 세종대왕이 온천에 행차한 기록이 여러 차례 나온다. 세종대왕이 피부계통이 좋지 않았던 점을 생각한다면 온천욕은 최선의 선택이었다. 당시 온천욕은 의학적 치료법으로 중요하게 활용되었음은 세종 1년(1419년) 상왕인 태종 이방원이 어깨가 아팠을 때 당시 어의였던 박윤덕이 뜸치료 대신 온천욕을 권했던 역사적 사실을 통해서 알 수 있다.(『세종실록』, 세종 3권, 1년(1419 기해년 / 명 영락永樂 17년) 4월 16일(경인) 6번째 기사에 실려 있다.)

온천의 좋은 점에 대해『동의보감』에는 세 군데에서 다루고 있다. 먼저「외형편外形篇」'근문筋門'의 단방單方에서는 "풍風과 한寒으로 근골이 저리고 오그라드는 것을 치료하는 데에 목욕하면 좋다. 그러나 습濕이 많은 경우에는 해서는 안 된다"고 한다. 다시 말하면 저리거나 오그라드는 근육계통의 질환에 특효가 있다는 것이다. 다만 몸에 습이 많이 차 있는 체질이라면 조심하라고 경고한다.「잡병편雜病篇」'제창문

피부계통이 좋지 않아 평생 많은 질병으로 고통 받았던 세종대왕은 온천욕을 즐겨 했다.

諸瘡門'에서는 피부에 생긴 부스럼에 사용하는 세약洗藥 가운데 온천물이 가장 좋다고 극찬하고 있다. 「탕액편湯液篇」 '수부水部'에서는 "여러 가지 풍증으로 힘줄과 뼈마디가 오그라드는 것과 피부의 감각이 없어지고 손발을 잘 쓰지 못하는 경우"에 사용한다고 한다. 그리고 빈속에 물에 들어가면 몸이 허해질 수 있고 사기가 들어올 수 있으므로 이에 반대하면서 온천욕 후에 음식과 약물로 몸을 보해줄 것을 권한다.

김훈의 연구에 따르면 세종대왕은 젊은 시절부터 죽기 전까지 많은 병증, 즉 풍병風病, 소갈병消渴病, 이질痢疾, 안질眼疾, 종기, 두통頭痛, 요통腰痛, 부종浮腫, 임질淋疾, 해수咳嗽 등 다양한 병으로 고통 받아 왔는데, 37세(15년)와 45세(23년) 때에 온양溫陽에서, 46세(24년)에 이천伊川에서, 47세(25년)에 다시 온양에서 온천욕溫泉浴을 하여 질병을 치료하려고 애썼다. 48세인 세종 26년에는 온천은 아니지만 충청도 청주 부근에 물맛이 호초胡椒 같다고 하여 '초수椒水'라는 곳에 두 달 동안 목욕한 내용도 나온다(김훈,「朝鮮時代 임금들의 溫泉浴과 疾病」,『한국의사학회지』, 14(1), 2001). 초수는 냉천冷泉으로서 "편두통이 있을 때나 등골이 싸늘할 때나 화가 속에 맺혀서 오한이 날 때 이 물에 목욕하면 다 차도를 본다"(『東醫寶鑑』「湯液篇」水部)고 기록한 이 기록 이외에도 여러 차례 온천에 행차한 기록들이 있다.

세종대왕의 질환이 악화될 때마다 신하들은 온천욕을 권하고, 세종은 공무를 이유로 거절하는 장면이 『세종실록』에 수차례 나온다. 세종의 질환에서 온천욕이 중요한 치료법의 하나로 활용되었던 것이다. 세종대왕이 더불어 염두에 둔 점은 온천행차로 인해 생겨나는 '민폐'였다고 한다. 세종대왕이 앓았던 각종 질환을 살펴볼 때 우리나라는 옛날부터 온천욕은 매우 유용한 치료법으로 여겨왔음을 알 수 있다.

세종대왕이 앓았던 풍병風病은 현대적으로 류마치스성 관절염의 일종이었고, 소갈병은 당뇨병으로, 피부에 각종 궤양성 부스럼이 빈발했을 것이고, 안질은 당뇨병에 나타나는 증상이며, 방사과도房事過度에 따른 두통, 요통, 해수 등은 음허陰虛로 생기는 증상이고, 임질 또한 생식기 계통의 질환이다. 이러한 증상들에 온천수로 피부를 치료했음은 온천수의 효과에 대한 새로운 정보를 제공한다.

천문동으로 피부관리할 것을 상소하다

『단종실록』 단종 원년(1452년) 12월 25일에 다음과 같은 상소문이 실려 있다. 이 상소문을 올린 사람은 이선제(李先齊, 1390~?) 이다. 이선제는 조선 초기의 문신으로 1419년(세종 1년) 진사로 식년문과에 급제한 이후로 각종 관직을 거치면서 『고려사』의 개수, 『태종실록』 편찬에 참여하는 등 학자 역할도 해왔다. 그가 의학에 조예가 있었다는 것은 1446년 예조참의를 거쳐 삼의사제조三醫司提調을 지낸 사실에서 읽을 수 있다.

신이 금년 봄에 천식喘息이 심하여 춘추관春秋館과 서연빈객書筵賓客의 직임을 벗고, 여름을 편안히 지내면서 『신농본초神農本草』를 고열考閱하였더니, 약에는 상품上品·중품中品·하품下品의 삼품三品이 있는데, 상약上藥 1백 20종은 군주격君主格으로 양명養命을 맡아보며 하늘에 부응하여 독성이 없으며, 많이 또 오래 복용하여도 사람을 상하게 하지 않으며, 몸을 가볍게 하고 기운을 더하게 하여 늙지 않고 오래 살게끔 합니다. 중약中藥 1백 20종은 신하격臣下格으로 양성養性을 맡아 보며 사람에 부응하여 각기 마땅한 것을 짐작하여 병을 막고, 허약虛弱함을 보충하게끔 하는 것입니다. 하약下藥 1백 25종은 좌사격佐使格으로 치병治病을 맡아 보며 땅에 부응하여 독이 많아서 오래 복용할 수 없으며, 한열寒熱과 사기邪氣을 제거하고, 병의 쌓임을 깨뜨려서 질병疾病을 고치게끔 하는 것입니다. 이것이 『본초本草』의 서설序說입니다. 대저 천문동天門冬은 상약 중의 으뜸입니다. 『본초』에 이르기를, '맛이 달고 평탄하며 한기寒氣가 많고 독이 없으며 심한 풍기風氣·습기濕氣와 국소마비局所痲痺를 막고 골수骨髓를 강하게 하고 삼충三蟲을 죽여서 그 복시伏尸를 제거하며, 폐肺의 기운을 보호 안정시키고, 한열을 제거하고, 거친 피부를 보양하며, 기력氣力을 더하게 하고, 소변을 편하게 하며 냉하면서도 능히 보신補身을 하여 오래 복용하면 몸을 가볍게 하고 기력을 더하여 수명壽命을 연장시킨다' 고 하였습니다. 『손진인기孫眞人記』에 이르기를, '천문동으로 술을 담가 먹으면 징기癥痩가 모이는 것과 풍담風痰으로 발광하는 것과 삼충三蟲·복시伏尸를 없이하고, 습기와 마비를 제거하며 몸을 가볍게 하고 기력氣力을 더하여 사람으로 하여금 백일百日을 먹지 않아도 견디게 하며, 나이를 돌려 늙음을 물리친다' 하였습니다. 신이 일찍이 세종世宗께서 춘추관에 내린 비방秘方을 보건대, 천문동은 사람으로 하여금 장생불사長生不死하게 하고, 기력을 백배하게 하며, 오래 복용하면 살이 살아나며 골수을 채워주고, 몸이 가벼워지며 총명해지고 수명을 크게 연장하여 끝이 없으니 신선神仙으로 올라갈 만하다. 남녀男女가 모두 복용할 수 있으며, 80세 이상이 복용하면 문득 아들을 낳게 되고, 방실房

室이 쇠퇴할 줄 모르며, 1백 명의 여인을 거느릴 수 있고, 방실을 끊은 사람은 선인仙人이 될 수 있다. 7,8월에 그 뿌리를 캐는데 정월·2월·3월에 캐는 것이 좋다. 이때를 지나면 효과가 없다. 그 흙을 씻어내고, 껍질을 벗겨서 가운데 있는 심만을 떼어내어도 되고, 또한 껍질을 붙이고 썰어서 쪄도 되는데, 이를 볕에 말려 빻아서 식후食後에 술에 타서 2방촌方寸의 숟갈로 하루에 세 번씩 복용하는데, 많이 먹이면 더욱 좋다. 그 뿌리를 찧어서 즙汁을 짜내어 술을 담가서 이 가루약과 먹으면 더욱 좋다. 오래 복용하면 사람이 물에 들어가도 젖지 않고, 천지와 더불어 서로 마치게 되며, 더 오래 먹으면 신명神明에 통하고, 늙은 사람은 다시 젊어지고 흰 머리가 다시 검어지며 빠진 치아齒牙가 다시 난다.〈약을 먹은 지〉20일 만에〈그 효과를〉알 수 있고, 30년만 먹으면 승천昇天을 하며, 피부가 팽팽해지고 얼굴빛에 광택이 나고 귀와 눈이 총명해져 아들을 많이 낳게 된다'하였고, 또 하나의 약방문에는, '천문동 1백 20근을 다 듬어서 볕에 말리면 30근을 얻을 수 있는데, 곱게 빻아서 체로 쳐서 식후에 2방촌方寸의 숟가락으로 복용하는데, 매양 식사가 끝나면 곧 복용을 하고 하루에 열 번 복용할 수 있으면 더욱 좋다'하였고,『충화자冲和子』에 말하기를, '천문동은 방문이 많으나 모두 좋고〈약효는〉대략 비슷하다. 뿌리로 참즙을 내어 술을 담가서 이 가루약과 먹으면 더욱 좋고, 또한 벌꿀을 섞어 환약으로 만들어〈하루에〉열 다섯 알을 먹어도 좋다'하였고, 또 하나의 약방문에는 '천문동 30근을 잘 씹어서 비단 주머니에 담고, 또 천문동 즙 1두斗로 다시 술을 담그는데, 이것이 쌀 1섬을 담그는 법이다. 보통 술을 담글 때와 같은 양의 누룩을 그릇 밑바닥에 넣고 밥을 넣은 후 30일 동안 봉해 두었다가 찌꺼기를 짜내고 마시되, 크게 취하지만 않으면 병이 낫고 몸에 윤기가 생긴다. 또 이 술로써 〈천문동〉 가루약을 먹으면 대단히 좋다' 하였습니다. 천문동은 높은 지대에서 나고 뿌리가 짧고 맛이 달고 향기가 나는 것이 좋으며, 물이 짜고 낮은 땅에서 나는 것은 잎이 가늘고 수초水草같이 약간 누런 빛깔이 나며, 뿌리가 길고 맛이 쓰고 냄새가 나는 것은 하품下品이나 먹을 수는 있습니다. 대개 이 비방秘方은 춘추관에 보관되어 있어서 지금 또한 상고할 수 있으며, 신이 지금 『본초여방本草與方』을 보니, 병 없이 오래 살 수 있고 또 아들을 많이 낳는다는 말이 있기에, 이 처방을 전하께 진달進達하고자 한 것이 여러 날이 되었습니다. 지금 듣건대, 전의감에서 부자리중탕附子理中湯을 조제調劑하여 올린다 합니다. 부자附子는 맛이 쓰고, 따뜻하며 열을 많이 내고 큰 독이 있으며, 건강乾薑도 맛이 쓰고, 따뜻하며 열을 많이 냅니다. 대개 이 두 약은 모두『본초』에 있어서 중·하품이며, 약이 마르고 열이 나면 독이 있는 것입니다. 50세 이후의 기력이 쇠한 사람은 오히려 복용할 만하지만, 전하는 춘추가 장성해 가고 혈기도 성해져 가는데 만약 이 약을 복용하면 오장육부五臟六腑가 조갈燥渴해져서 12맥脈이 혹 흐르지 않아서 3백 60마디에 혹 통하지 않음이 있을까 두려우니, 삼가지 않을 수 있겠습니까? 천문동 같은 것은 전라도全羅道 여러 고을의 도처에 있습니다. 춘추로 파서 채취하여 볕에 말리지 말고 생약生藥으로 싸서 바치게 하여 즙을 짜내어 술을 담가서 매일 아침 올려서 술과 가루를 함께 복용하고, 또 몇 년 뒤에는 계속 벌꿀로 환약을 만들어 올리면 냉冷하되 보신이 되고, 몸이 가볍고 기력이 더해지며, 맥이 고르고 병이 없어 수명이 길어지고, 마침내 아들을 많이 낳는 경사가 있을 것이니, 어찌 좋지 않겠습니까? 바라건대 전하는 신의 작은 정성을 양찰諒察하여 도당都堂에 내리어 의의擬議하여 시행하게 하소서.

이선제는 단종에게 천문동天門冬을 복용할 것을 상소하고 있는데, 상소문의 군데군데 나오는 천문동의 효과에 대한 주장들 가운데 눈여겨볼 만한 내용들이 발견된다.

천문동은 학명이 Asparagus cochinchinesis Merrill로서 백합과에 속하는 다년생만성초본이 천문동의 뿌리이다.『동의보감』「탕액편」에서는 이 약에 대해 "성질이 차갑고 맛이 쓰면서 달고 독이 없다. 폐기와 천식과 기침을 다스리며, 가래를 삭이며, 피 토하는 증상을 그치게 하고, 폐위의 증상을 치료하고, 신기를 통하게 하고 심기를 억누르고, 소변이 찬 것을 이롭게 하여 능히 보해줄 수 있다. 세 가지 벌레를 죽이며 안색을 좋게 해주고 소갈을 그치게 해주며 오장을 윤택하게 해준다(性寒味苦甘無毒, 治肺氣, 喘嗽, 消痰, 止吐血, 療肺瘻, 通腎氣, 鎭心, 利小便冷而能補, 殺三蟲, 悅顏色, 止消渴, 潤五藏)"라고 하였다.『동의보감』의 기록에서도 보이지만 이 약의 중요한 효과는 '열악색悅顏色', 즉 얼굴색을 좋아지게 하는 것이다. 이러한 효과가 가능한 것은 폐肺의 기운을 보충해주면서 오장에 진액을 공급해주는 주된 작용이 뒷받침되기 때문이다.

이선제는 당시 어의御醫들이 궁중에서 단종에게 처방하려 한 부\자이중탕附子理中湯은 뜨거운 성질을 가지고 있는 부자附子라는 약제가 위주가 되는 약이며, 속을 데워준다는 면에서 나이 어린 단종에게 쓰기에 적합하지 않다고 판단한 것이다. 이선제가 강조한 천문동天門冬의 효능 가운데 몇 가지는 피부미용과 관련해 제시하는 바가 있다.

1) 나이를 돌려 늙음을 물리친다(還年却老)

흔히들 나이든 사람들이 오랜만에 만났을 때 인사치레로 "십 년은 젊어 보인다"라는 말을 한다. 한의학에서 사람이 늙는다는 것을 정혈精血이 부족해지면서 오장육부가 쇠퇴해져 피부가 주름지고 꺼칠해지는 현상으로 파악한다. 피부가 주름지고 꺼칠해지는 것은 몸의 정혈이 줄어들면서 나타나는 겉증상이다. 그러므로 여기에서 "나이를 돌려 늙음을 물리친다"는 것은 몸의 정혈을 보충해주어 진액을 만들어내 피부에 영양을 공급하게 해준다는 것을 말한다.

2) 신명神明에 통하고, 늙은 사람은 다시 젊어지고 흰 머리가 다시 검어지며 빠진 치아齒牙가 다시 난다(通神明, 老者更少, 白髮更黑, 落齒更生)

늙은 사람이 젊어진다든지 흰머리가 검어진다든지 빠진 이가 다시 난다든지 하는 것은 정혈이 보충되어 건강을 회복하는 모습에 대한 묘사이다. 머리카락이나 치아는 인체의 정기精氣를 주관하는 신장腎臟의 기운과 관계된다. 신장腎臟은 한의학에서 인체의 정혈을 저장하는 장기로서 이곳의 저장 상태로 그 사람의 활동력과 생명력을 판단한다. 이곳에 정기가 제대로 갈무리되어 있을 때 밖으로 건강미가 넘치는 모습이 드러날 것은 자명하다.

이선제의 상소문이 실려 있는 『단종실록』

3) 병이 낫고 몸에 윤기가 생긴다

 기운을 보충하는 천문동의 작용으로서, 이때 질병에 대한 저항력을 증강시켜 피부에 윤기가 생기게 한다는 것은, 이선재가 천문동의 효과 가운데 중요하게 언급하고 있는 사항이다. 질병을 치료하기 위해서 사용하는 약물들은 대개 질병을 몰아내기 위한 치료제로서 대증요법의 개념 속에서 활용되는 것들이다. 그러나 천문동은 질병에 대한 저항력을 강화시켜준다는 면에서 다른 약과 차이가 있다. 게다가 이 약을 복용하면 몸에 윤기가 생긴다. 몸에 윤기가 생긴다는 것은 이 약을 복용하여 전신적 건강이 강화되면서 생기는 부수적 현상일 뿐이다. 그럼에도 이 약은 몸에 윤기를 생기게 하는 목적으로 활용될 수 있다. 그리고 이와 반대로 이러한 목적의 부산물로 만성적으로 앓았던 병까지 낫게 할 수도 있다. 한마디로 금상첨화인 셈이다.

4) "몸이 가볍고 기력이 더해지며, 맥이 고르고 병이 없어 수명이 길어지고, 마침내 아들을 많이 낳는 경사가 있을 것이니, 어찌 좋지 않겠습니까?"
위에서 언급한 유익한 점에 덧붙여 수명이 길어지고 기력까지 더해져 다복하게 된다는 것이다.

이선제의 상소문에서 우리는 조선 초기 천문동에 대한 피부관리와의 연관성에 대한 인식의 일면을 엿볼 수 있다.

사람의 피부를 나무의 껍질에 비유한 장순손

중종 때의 재상宰相 장순손(張順孫, 1453~1534)은 1485년 별시문과에 3등으로 급제한 후 홍문관에 들어가 학술 업무에 종사했다. 그가 출세가도를 달리게 된 시기는 중종반정 이후이다. 1533년에는 영의정까지 오르는 영광을 얻게 되었다. 그는 이 시기에 약방제조藥房提調를 겸임하게 되는 이는 그가 중신들 가운데 의학에 대한 조예가 깊었기 때문이다. 특히 중종 23년(1533년) 2월 6일『중종실록』의 기사를 살펴보면 의학에 대한 그의 식견을 읽을 수 있다. 그 내용은 다음과 같다.

약방제조藥房提調 장순손 등이 아뢰기를, "말로 다 아뢰기가 어려우므로 상세히 증세를 조사하여 글로 써서 아룁니다."【다음과 같이 아뢰었다. '사람 몸의 혈기血氣는 피부 안에 있으니 이는 마치 나무의 진액이 껍질 안에서 오르내리는 것과 같습니다. 혈기는 한계가 있어서 비록 평상시라 해도 항상 영양이 좋도록 해주는 것이 우선인데 더구나 종기를 앓고 난 뒤이겠습니까. 만약 종기가 처음 생길 때라면, 나쁜 피가 엉길 때는 거머리로 빨아내게 하는 것이 제일이지만, 이미 곪아 터진 후에는 쓸 수가 없습니다. 대체로 거머리가 피를 빨아내는 곳은 피부의 표면에 가까운 곳이니 피부 깊은 곳에 고름이나 피가 있으면 거머리가 빨아낼 수 없습니다. 지금 비록 거머리가 빨아냈으나 여태까지 계속 곪은 곳은 아직 낫지 않은 것으로 보아 거머리가 피부 깊은 곳까지 빨아내지 못하는 것이 분명히 증험이 되었습니다. 피부에 새로 생기는 피까지 계속 빨아내는 것은 매우 불가할 듯합니다. 혈기가 성해지면 터진 자리가 쉽게 봉합될 것입니다. 삼나무의 진액이 비록 의학서에는 나와 있지 않으나 경험한 사람 중 매우 신통한 효과를 본 사람이 많습니다. 처음 종기가 생길 때는 쉽게 삭고 이미 터지고 나서는 쉽게 치유되어 동창凍瘡·칠창漆瘡의 곪아서 터진 곳은 모두 즉시 낫습니다. 대체로 약을 먹고 고약을 붙이는 것은 다 나을 때까지 사용하여야 합니다. 약을 잠깐 붙였다 뗐다 하여 약효가 아직 퍼지기도 전에 효과가 없다고 하는 것은 의가醫家에서 철저히 금지시키고 있습니다. 십선산十宣散도 다 나을 때까지 복용하여야지 조금 나았다고 하여 곧 중지해서는 안 됩니다. 한번에 5~6전錢씩 복용하여야 하는데 약을 먹는다고 이름만 걸어놓고 1~2전 정도만 복용한다면 이 또한 효과가 있을 수 있겠습니까. '좋은 약은 입에 쓰지만 병에는 이롭고 충성스러운 말은 귀에는 거슬리지만 행실에 유익하다'고 한 것은 옛 성인의 가르침이시고, 병을 숨기고 의원을 꺼리면 해로우며, 병은 조금 나은 데서 더친다고 한 것도 옛사람이 깊이 경계한 말입니다. 밝게 살피소서.} 하니 답하였다. "써 올린 말을 보니 지당하다. 요사이 계속하여 약을 먹었으나 아직 낫지 않고 나쁜 진물이 나오는 중에 고름이 섞여 나오기도 하기에 거머리로 시험해 보았더니 딴딴하고 도독해진 곳이 삭아서 편편해졌다. 그러나 고름이 많이 나오고 새로운 피가 생기므로, 거머리를 사용하는 것이 도에 지나치면 오히려 새 피에 해로울 듯하여 벌써 거머리 사용을 정지하고 태일고太一膏를 붙였다. 아직 창瘡 주위에 남은 독이 뭉쳐서 편편하지는 않다. 그러나 처음보다는 많이 삭았지만 고름이 아직 그치지 않으니, 삼나무 진액을 쓰고 십선산도 먹어야겠다. 처음부터 복용할 때는 번번이 술에 타서 먹었다."

위의 기사는 장순손의 의학적 견해를 개진하는 내용이기도 하지만 당시 피부에 대한 의학적 견해가 묻어난 가치 있는 자료이기도 하다. 몇 가지 측면의 정보를 제시한다.

첫째, 피부를 나무의 껍질에 비유하고 있다. "사람 몸의 혈기血氣는 피부 안에 있으니 이는 마치 나무의 진액이 껍질 안에서 오르내리는 것과 같습니다"라는 언급은, 나무의 진액이 껍질 안에서 오르내려서 윤기를 공급하는 것과 마찬가지로 사람 몸속을 흐르는 혈기도 피부로 자연스럽게 드러나게 되므로 피부의 상태로서 인체 혈기의 상태를 판단할 수 있다는 것이다. 이는 피부미용의 기초적 전거를 보여주는 부분으로써 피부 상태의 개선을 위해 처방하는 각종 내복약, 외용제, 복용약물 등의 이론적 기초가 된다.

둘째, 혈액의 흐름이 피부에 직접적으로 영향을 미치는 것으로 파악한 점이다. 『동의보감』에서 말한 "피자皮者, 맥지부야脈之部也"라는 말, 즉 "피부란 핏줄의 부분이다"라는 논리와 일맥상통한다. 여기에서 거머리로 피를 빨아내는 논리와 연결된다. 거머리를 사용하여 피를 빨아내어 피부에 생긴 옹저를 없애는 치료법으로 활용한 것은 피부 상태를 관리하는 방법의 하나로 혈액을 조절하는 방안을 채택한 셈이다. 피부에 나타난 각종 현상은 인체 내부의 혈기血氣, 즉 혈액의 상태를 반영하는 것이기에 혈액을 조정하는 각종 요법으로 효과를 발휘할 수 있다. 이와 같은 원리에서, 피부미용에서 화장품을 도말하는 방법은 피부와 연계되어 있는 혈관조직에 영향을 미쳤을 때에만 그 효과가 구체적으로 드러나게 되는 것이다. 단순히 피부에 페인트칠하여 위장하는 정도의 눈가림식 화장으로는 피부의 본질적 문제인 혈기의 변화를 일으킬 수 없다.

셋째, 삼나무 진액杉木脂을 피부관리에 사용하고 있다. 삼나무 진액은 『동의보감』에서 용뇌향龍腦香이라고도 하니, 그 주치증은 "눈의 안팎에 생긴 결함에 눈을 밝게 해주고 심장의 기운을 억누른다. 눈이 붉게 달아오르면서 막이 끼는 것, 윗배의 사기와 풍습에 의한 적취를 제거하고, 세 가지 기생충을 제거하며 다섯 종류의 치질을 치료한다(內外障眼, 明目鎭心, 去目赤膚瞖, 心腹邪氣, 風濕積聚, 去三蟲, 治五痔)" 등이다. 삼나무 진액을 피부관리를 위해 활용한 것은 피부에 대한 삼나무 진액의 효과에 대해 새로운 방안을 제시한 셈이다. 이 기사는 피부관리에서 활용된 조선 전래의 방법을 우리에게 전해준다.

이로써 우리는 조선 중종년간에 활약한 재상 장순손의 기록을 통해 옛부터 우리 민족이 활용해온 전통 피부미용의 활용 방안의 일면을 엿볼 수 있다.

장순손의 의학적 식견을 엿볼 수 있는 『중종실록』의 기록

피부관리의 새로운 방안을 제시한 정조대왕

『정조실록』 1793년(정조 17년) 7월 4일 기록에 다음과 같은 내용이 나온다.

전교하기를, "머리에 난 부스럼과 얼굴에 생긴 종기가 어제부터 더욱 심해졌다. 씻거나 약을 붙이는 것도 해롭기만 하고 약물도 효험이 없어서 기氣가 더 막히고 쌓여서 화가 더 위로 치밀어 오른다. 얼굴은 모든 양기陽氣가 모인 곳이고 머리도 뭇 양기가 연결되어 있는 곳인데 처음에는 소양少陽 부위에서 심하게 화끈거리더니 독맥督脈 부위로 뻗어나갔다. 왼쪽으로는 귀밑머리 가에 이르고 아래로는 수염 부근까지 이르렀다가 또 곁의 사죽혈絲竹穴로도 나고 있다. 이는 모두 가슴속에 떠돌아다니는 화火이니, 이것이 내뿜어지면 피부에 뾰루지가 돋아나고 뭉쳐 있으면 곧 속이 답답하여지는 것인데, 위에 오른 열이 없어지기도 전에 속의 냉기가 갑자기 일어나는 것을 의가醫家에서는 대단히 경계하는 것이다. 성질이 냉한 약제를 많이 쓸 수 없음이 이와 같으니 오직 화를 발산시키고 열어주는 처방을 써야 효과를 볼 수가 있을 것이다. 경락經絡에 침을 맞는 것이 합당한지의 여부를 여러 의원들에게 물어서 아뢰라" 하였는데, 약원藥院이 아뢰기를, "삼복三伏에는 침을 놓지 말라는 경계가 의서醫書에 기록되어 있습니다" 하였다. 상이, 잠시 경락을 소통시키는 것에 불과하므로 구애받을 필요가 없다고 하여 마침내 세 부위에 침을 맞았다.

위의 기록은 정조의 얼굴에 난 부스럼을 치료하는 과정을 기술한 것이다. 특이한 점은 정조가 자신의 질환에 대해 상세하게 발생원인과 기전, 치료 등에 대해 진술하고 있다는 것이다. 정조는 의학에 관한 이해도가 높았던 임금으로 정평이 나 있다.

그의 저술을 모아놓은 184권에 달하는 『홍재전서弘齋全書』(1814년 간행)에는 『수민묘전壽民妙詮』이라는 의서醫書가 포함되어 있다. 이 책의 서문에서는 다음과 같이 말한다.

의학은 백성들을 구제하는 것이므로, 양친을 모시는 자라면 의학을 알지 않으면 안 된다. 의학이 어찌 천한 것이겠는가? 우리 조선의 풍속은 의학에 종사하는 것을 부끄럽게 여긴다. 이것이 어찌 유학儒學을 숭상하는 사람이 할 일이겠는가? 의학醫學도 유술儒術의 일단이다. 내가 어릴 때부터 의학을 연구하여 병술년(1766년, 15세 무렵)부터 병인년(1776년, 25세 무렵)에 이르기까지 선대왕(영조를 말한다)의 병환을 옆에서 돌보기 위해서 띠를 풀지 않았던 10년 동안 맥결脈訣, 약성藥性에 방통한 바가 있었다. 그러나 사람의 품부받음이 옛과 지금이 다르고 동서의 풍토가 같지 않다. 고금의 의서醫書들 중에 우리나라에 적합한 것은 오직 양평군陽平郡 허준許浚의 『동의보감』이다. 그러나 그 이치를 논하고 처방을 논함이 서로 얽혀서 체계가 정리되어 있지 못하다. 내가 이를 조금 고치어 그 정화로운 내용들을 모았고 또 탕액湯液, 각방各方으로 별도로 속편續編을 만들어 『수민묘전壽民妙詮』이라고 이름붙였다.

정조의 저술인 『수민묘전』의 서문을 통해 정조가 의학에 대한 지식을 쌓아가기 위해 지속적으로 노력을 해왔으며 그 동기 가운데 하나가 선왕인 영조의 병환이었음을 알 수 있다.

위의 『정조실록』의 기사는 피부질환과 관련하여 몇가지 점에서 시사하는 바가 있다.

첫째, 얼굴 피부의 질환을 기가 막혀서 화火가 치밀어 오른 것으로 파악하고 있다. 얼굴에 생긴 질환의 대부분은 화가 위로 치밀어 올라서 생긴다. 그러므로 치밀어 오른 화를 내려주는 것이 기본적인 치료법이지만, 더 근본적으로 화가 치밀어 오르게 된 원인을 먼저 고려해서 제거해야 한다. 정조는 2일 전 채제공蔡濟恭의 상소문에 대해 대신들과 논의를 주고받을 때 생긴 스트레스로 화가 치밀어 있는 상태였다. 이때에도 피부질환이 이미 심해져 있었다. 칠정七情으로 화火가 발생하여 상충上衝되어 두면부頭面部에 각종 피부질환이 발생하게 된 것이다. 얼굴에 나타나는 각종 뾰루지, 부스럼 등은 정신적 갈등과 밀접한 관련성이 있다. 그러므로 감정에 대한 조절이 얼굴의 피부미용 상태를 결정하므로, 결국 피부미용에 중요한 관건은 감정 조절이라 할 수 있다.

둘째, 얼굴 피부의 부위별 차이에 대해 명확하게 인식하고 있다. 정조의 말 가운데 "처음에는 소양少陽 부위에서 심하게 화끈거리더니 독맥督脈 부위로 뻗어나갔다. 왼쪽으로는 귀밑머리 가에 이르고 아래로는 수염 부근까지 이르렀다가 또 곁의 사죽혈絲竹穴로도 나고 있다"는 것은 정조가 안면 부위에 나타난 피부 질환의 원인에 대해 명확한 정보를 제시하려는 의도가 엿보이는 대목이다. '소양 부위'란 족소양담경足少陽膽經의 부위로 얼굴의 양쪽 측면에 해당하는 곳이다. 족소양담경이 지나가는 부위의 피부가 달아오르면서 부스럼, 여드름 등이 생기는 것은 이 경락의 속성인 분노와 같은 감정의 동요가 일어나고 있음을 표현하는 것이다. 독맥督脈은 인체의 정중앙을 흐르는 경맥으로 윗입술부터 올라가 정수리를 지나서 다시 척추를 따라 내려가 꽁무니 뼈의 부위인 장강長强까지 이어진다.

셋째, 피부로 화기火氣가 뻗치는 부위를 생동감 있게 차례로로 설명하고 있다. "왼쪽으로는 귀밑머리 가에 이르고 아래로는 수염 부근까지 이르렀다가 또 곁의 사죽혈로도 나고 있다"는 것은 현재 드러난 피부질환이 단순한 질환이 아니라 상호 연관성 속에서 화기火氣가 분출되는 과정 속에서 이루어지고 있음을 말한다. '사죽혈'은 '사죽공혈絲竹空穴'을 말하는데, 눈썹의 바깥쪽 끝머리의 오목한 곳에 있으며 수소양삼초경手少陽三焦經에 속한다.

넷째, 피부관리에서 음식과 약물의 활용방안에 대한 문제이다. 이는 피부관리를 위해 사용하는 화장품과도 관련이 있는 사안이다. 내용 가운데 "위에 오른 열이 없어지기도 전에 속의 냉기가 갑자기 일어나는

정조의 어진. 정조대왕은 세종대왕과 마찬가지로 피부계통의 질환을 많이 앓았다

것을 의가醫家에서는 대단히 경계하는 것이다. 성질이 냉한 약제를 많이 쓸 수 없음이 이와 같으니 오직 화를 발산시키고 열어주는 처방을 써야 효과를 볼 수가 있을 것이다"라는 말은 찬 성질의 약물을 복용하면 안 된다고 주장하는 것으로, 정조는 피부가 가렵거나 두드러기가 났을 때 함부로 찬물이나 찬 약물을 복용하거나 발라주면 문제가 생길 수 있다고 경계한다. 따라서 피부에서 제대로 발산이 이루어질 수 있도록 피부를 쾌적한 상태로 해주는 것이 우선이며, 이를 위해 각종 피부계통 약물과 화장품 등이 필요하다.

의서와 역사 기록 속에 보이는 한방화장품과 피부미용

다섯째, 시기에 따른 침구의 금기를 지키는 것보다 환자의 상태에 맞추어 경락을 소통시키는 것이 먼저라고 강조한 점이다. 위에서 "약원藥院이 아뢰기를, '삼복三伏에는 침을 놓지 말라는 경계가 의서에 기록되어 있습니다' 하였다. 상이, 잠시 경락을 소통시키는 것에 불과하므로 구애받을 필요가 없다고 하여 마침내 세 부위에 침을 맞았다"라는 것이 그 내용이다. 이는 자연의 변화에 맞추어 금기를 지키는 것도 중요하지만 그 보다 더 중요한 것은 피부를 관리하려는 끊임없는 노력이라는 점을 강조한 것이다.

화장문화의 보고, 『규합총서』

1809년 여성 실학자 빙허각憑虛閣 이씨(李氏, 1759~1824)가『규합총서閨閤叢書』라는 여성용 백과전서를 편찬했다. 이 책은 본래『빙허각전서憑虛閣全書』의 3부 가운데 하나이다.『빙허각전서』는『규합총서』,『청규박물지淸閨博物誌』,『빙허각고憑虛閣考』로 구성되어 있었으나 현재『규합총서』만 남아 있다.

빙허각 이씨는 조선 후기에 태어나 당시 여성의 교육에 부정적인 사회적 분위기임에도 모든 경서에 박통하여 이미 15세 때 저술에 능했다고 한다. 이 사실은 그녀의 집안이 실학實學을 전업으로 삼았다는 것과도 관련이 깊다. 그녀의 아버지는 판돈령判敦領 문헌공文獻公인 이창수李昌壽이며, 어머니는『언문지諺文誌』를 집필한 유희의 고모이다. 게다가 그녀는 서명응徐命膺의 손자이자 서호수徐浩洙의 아들인 서유본徐有本의 부인이었다. 서명응은 북학파의 비조(鼻祖, 시조始祖)로 이용후생利用厚生을 축으로 하는 학문정신으로 유명한 인물이다. 그녀는 집안 대대로 내려온 이러한 개방적 · 학문적 분위기 속에서 마음껏 학문을 연마하여 여성 실학자로서 이름을 높였다.

『규합총서』는 일제 강점기 말 1939년경 황해도 장연군 진서에 있는 이씨의 시가 서씨의 후손집에서 목판본이 발견되어 세상에 나왔다. 이 책은 권1 주식의酒食議, 권2 봉임칙縫紝則, 권3 산가락山家樂, 권4 청랑결靑囊訣, 권5 술수략術數略 등으로 구분되어 있다. 특히, 권4 청랑결 부분에는 의학과 관련한 태교胎敎, 육아育兒, 구급救急, 잡저雜著 등 의학적 내용이 다수 포함되어 있다. 이 책은 한글로 기록되어 있어서 여성들이 쉽게 접근할 수 있도록 배려하고 있으며, 한글로 기록한 의서 연구에서 중요한 자료이다.

『규합총서』를 살펴보면 피부미용과 관련한 내용들이 많이 실려 있다. 각각에 대한 내용은 앞으로 상세한 고찰이 이루어져야 할 것으로 보이며, 여기에서는 그 원문을 소개하고자 한다. 다음의 내용은 모두 권2 봉임칙縫紝則에 실려 있다.(번역은 鄭良婉 譯註, 『閨閤叢書』, 寶晉齋, 1997을 활용했다.)

1) 향 만드는 법
무릇 향香을 화합함에 그 질고 되기를 알맞게 함이 귀하다. 향을 고루 섞어 그릇에 담아 종이로 굳게 봉하여 집 안 땅을 세 치나 너덧 치를 파고 묻어라. 한 달 넘은 뒤 내면 그 향내가 기이하다.

2) 단장 기록한 것(粧臺錄) 향 머리 뀌는 품
주문왕 때 봉계 또는 보요계

진시황 때 망선계 참난계 능운계

한 때 영춘계 수운계

무제 때 왕모 시녀 비선계 구환계

한 원제 궁중에 백합분초계 동심계

태원중 공주 부녀 요환계 삭운계

한 성제 합덕은 좌수계

위 명제 궁중에는 부용계, 양궁에는 나광계, 진궁에는 수운계

수 문제 궁중에는 구진계

수 양제 궁에는 영당팔환계 번하계 좌수계

당 고조 궁중에는 반번계, 반완낙유계

당 명황 궁중에는 쌍환망선계, 회흘계, 양귀비는 의계, 수래계, 정원중에 귀순계, 요소장계, 양기처 손수는 추마계, 장안성중에 반환계, 포가계

촉 맹창 말년에 조천계

왕헌이는 해산계와 사삽잠을 만들고,

주홍문이가 소시에 금교계를 만들었다.

사기대계 한명덕 마황후가 머리털이 길어 사기대계를 꿰고, 남은 털은 계를 세 번 둘러 짜더라.

한무제가 궁인으로 하여금 팔자미를 짓게 하고, 양기 처취미를 고쳐 수미—근심하는 눈썹—을 만들고, 탁문군이 미색이 원산 같으므로 남들이 본받아 원산미를 지으며, 위 무제는 나인으로 하여금 청대미를 그리게 하고, 속으로 연하게 가늘고 긴 것을 아미장이라 하더라.

오대 궁중에 개원 어애미와 소산미와 오악미와 월릉미와 분초미와 함연

미와 봉지 원리 등의 천문수미 있고, 당 명황이 화공으로 하여금 열 가지 눈썹을 그리게 하니.

일은 이른바 원앙미 또는 팔자미요

이는 소산미 또는 원산미라 하고

삼은 오악미요

사는 삼봉미

오는 수주미

육은 월릉미 또는 각월미라 하고

칠은 분초미

팔은 함연미

구는 불운미요

십은 도훈미라

하니, 동파시에 이르되

성도화수개십미하니 횡연각월쟁신기라 하고 서호 서야군의 십미명이 있다.

3) 십미요＋眉謠

○일 원앙

  원앙이 나니 물결이 일어나는구나

  연기 이 날에 오히려 고우니 근심이 아리따운 눈썹에 무르녹느니 두 원앙이어라

○이 소산

춘산이 비록 적으나

구름 머리에 일어났구나.

쌍아 이같으니 능히 한가한 근심을 실었구나.

산 위에 비 오니 눈썹이 또 응하더라.

○ 삼 오악

군봉이 참지하니 오악이 군지하네

가을 문채 물결이 높은 산만 같지 못하여라

저 눈썹이 길미여, 자주 찡기지 마라.

○ 사 삼봉

바다 위 삼산을 바라보니

아득히 채색이 나는구나.

옮겨 거울을 마주 보니

눈에 비치는구나.

○ 오 수주

다섯 말 진주로 아미를 샀네

빌어 묻노니, 아미를 무엇에 비길고

군전에 십이승을 비춰리라.

○ 육 월릉

눈썹은 안 보이나 달만 보이네.

월궁의 도끼 흔적이 닦아 이지러졌으니 미인의 눈썹 위에 벌렸구나.

○ 칠 분초

뫼를 그려 쌍봉 같으니

푸른 것이 떨어져 맑기 내 같도다.

그린 눈썹이 모름지기 이와 같으니 홍지액상에 춘산이 오네.

○ 팔 함연

눈썹이 나에게 이르기를

맑게 지으면 가을비 소슬한 내 같고

화려코자 하면 봄바람에 맑은 세 뫼뿌리로구나.

○ 구 불운

꿈에 고당에 노니 구름기운이 바로 눈썹에 당하였네.

새벽바람이 부되 끊어지지 아니하네.

○ 십 도훈

장대에 섬월이 높았고

옥니에 청점이 길었네.

가는 손으로 거울을 마주하니

아름다운 봄바람이 몇 번이나 그렸는지.

4) 봉계(일명 보요계): 주 문왕 시

유발권련   터럭이 있어 권연하니

도괘사봉   거꾸로 걸려 봉 같더라.

농옥취소   농옥이 퉁소를 불고자 하니

능풍비등   능히 바람에 휘날리도다.

5) 근향계: 진시황 시

향지복복   향이 복복하고

운지오오   구름이 검고 검어라

자연천생   자연스러워 하늘생김이니

고목하로   감아 기름 바르기를 어찌 수고로이 하리오.

6) 비선계: 왕모강 무제 시

비선비선   나는 신선 나는 신선이라.

강우제전   제전에 나리었네

회수계광   고개 돌이켜매 머리 꾀온 것이

위무위연   안개도 되고 내도 되더라.

7) 동심계: 한 원제 시

도엽연근   복숭아잎이 뿌리를 연하니

발역여시   머리털이 또 이같구나

소소서릉   소소소가 서릉에 있어

가성상사   노랫소리 서로 같아라.

8) 추마계: 양기 처

반반운계   서리고 서린 구름머리 꾀운 것이

추마풍류   말에서 떨어짐이 멋이로다.

불급주랑   주랑에 미치지 못하여

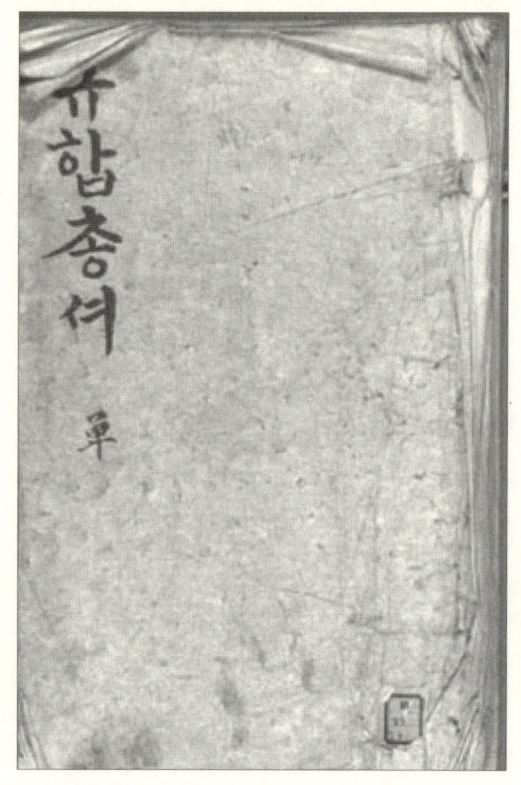

조선시대의 유일한 여성 실학자 빙허각 이씨의 『규합총서』

경신추루 가벼운 몸 누에 떨어지누나.

9) 영사계: 위 견우

춘사학서   봄뱀은 글을 배우고

영사학계   영한 뱀에게 머리 뀌운 것을 배웠네.

낙포능파   낙포 능파에

여용비거 용같이 날아가더라.

10) 부용계: 진 혜제 시

춘산삭출 봄산에 깎은 듯한 것이 나니
명경간래 밝은 거울에 보아 오도다.
일도행광 한번 빛을 행하매
화방작개 꽃 곁에 열기를 지었구나.

11) 좌수계: 수 양제 시

강북화영 강북에 꽃이 영화롭고
강남화갈 강남에 꽃이 말랐네.
발박난소 머리털이 적어 빗기 어렵고
수다이결 시름이 많으니 맺히기 쉬워라.

12) 반관낙유계: 당 고조 시

낙유원상 낙유원 위에
초연여금 풀이 연하기 비단 같아라.
아수환다 아수의 운환이 많으니
춘풍취면 봄바람에 취하여 조는구나.

13) 환소장계 : 당 정원 시

추의장성 뜻을 따라 단장을 이루니

명시호나소 이름이 이 환소로세
침변차횡 베개맡에 비녀가 빗겼으니
임의경도 뜻대로 거꾸러지었네.

"양기의 아내 손수가 수미를 만들고 우치소와 절요보를 하니 그때 부녀가 많이 본받으니 그후에 병란에 죽으니 그 징조가 이러하더라."

14) 입술연지 찍는 이름
당 말에 입술 연지 찍는 품이 석류교, 대홍춘, 소홍춘, 눈오향, 반변교, 만금홍, 성단심, 노주아, 내가원, 청궁교, 낙아은담, 홍심, 성성훈, 소주룡, 격상, 당미화로더라.

15) 매화장
송 수양공주가 함장전 난간에 누웠다가 매화가 날아와 이마 위에 떨어졌는데, 마침내 이마에 단사를 찍는 단장을 만들고 이름지어 매화장이라 하니 이로부터 곤지 찍는 법이 생겼다.

『섭양요결』에 나오는 고본주의 피부미용 효과

『섭양요결攝養要訣』은 섭양攝養, 즉 양생법養生法과 관련한 내용을 뽑아놓은 저자 미상의 필사본 서적이다. 이 책은 대체로 『동의보감』의 양생법이 주류를 이루고 있다. 이 책에는 얼굴을 아름답게 해주는 고본주固本酒라는 술이 소개되어 있으며 그 내용은 다음과 같다.

노동한 것을 치료하니, 허약해진 것을 보충하여 수명을 늘려주며 수염과 머리털을 검게 해주고 얼굴을 아름답게 해준다. 생건지황, 숙지황, 천문동, 맥문동을 모두 심을 제거한 것, 백봉령 각 2냥, 인삼 1냥을 썰어서 도자기로 만든 항아리에 채워 넣고 좋은 술 10병에 약을 3일 동안 담근 후 센 불과 약한 불을 번갈아가며 피워서 한두 시간 동안 끓이기를 검게 바뀔 때까지 한다. 하루에 빈속에 3~5잔 마신다.(治勞補虛益壽延年烏鬚髮美容顔生乾地黃熟地黃天門冬麥門冬竝去心白茯苓各二兩人蔘一兩右到用 磁缸盛好酒十壺浸藥三日文武火煮一二時以酒黑色爲度空心服三五盃.)

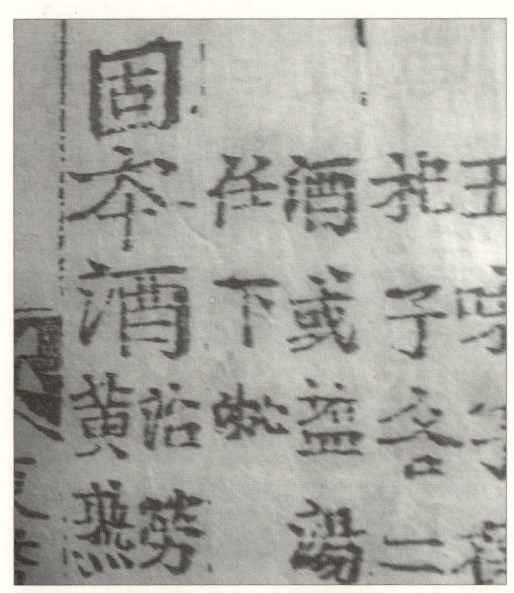
고본주에 관한 내용이 실려 있는 『섭양요결』 원본

'고본固本'은 '근본을 견고하게 해준다'는 의미이며, 이에 따라 고본주는 인체의 근본인 원기元氣, 신기腎氣, 정기精氣 등을 단단하게 해준다. 인체의 근본을 견고하게 해주면 인체의 생명력을 증강시켜 수명연장의 효과뿐 아니라 피부 미용에도 효과가 있다는 것이다.

실제로 이 처방에 포함된 생건지황, 숙지황은 인체의 음기陰氣의 원료이다. 이러한 까닭으로 『동의보감』에서는 "사람의 수명을 늘려주는 데에 생건지황, 숙지황만 한 것이 없다"라고 주장한다. 천문동, 맥문동이 들어가는 것은 생건지황과 숙지황의 작용을 도와주기 위함이다. 생건지황은 심혈心血, 즉 심장의 혈액을 만들어주는 작용이 있지만 맥문동이 있어야 원활하게 그 작용을 완수할 수 있고, 숙지황은 신정腎精, 즉 신장의 정기를 만들어주는 작용이 있지만 천문동이 있어야 이를 이루어낼 수 있다. 인삼은 심장의 기운을 소통시켜주는 작용으로 혈관 속의 혈액의 원활한 운행을 도와주고, 복령은 수명 연장의 필수불가결한 약물이다.

　이러한 약물들로 술을 만들었을 때 혈관을 확장시켜 혈액을 소통시켜주는 술의 작용과 합쳐져 피부의 원만한 혈액 소통과 영양분 공급작용이 일어나 피부가 아름다워진다.

　술로 만들었다는 점에서, 양생의 방안으로 제시한 방법치고는 현실적으로 활용하기 간편한 면이 있다. 그러나 고본주가 제아무리 좋은 약품일지라도 술이기에 과용하면 문제가 생길 것은 분명한 사실이다. 평소에 술로 음용하기보다는 미용을 위해서만 사용한다면 좋은 결과를 얻으리라 생각한다.

얼굴을 윤택하게 하고 곱게 하는 화장법

1927년 12월 16일자 『동아일보』에 「얼굴을 윤택하게 하고 곱게 하는 화장법」이라는 기사가 4단에 걸쳐 소개되었다. '얼굴 피부가 거친 이는 잘 때 기름기 있는 크림을 발르라' 라는 부제까지 있는 이 글은 피부 미용법을 미용실에서 하는 법, 개인적으로 집에서 하는 법, 화장품 선택법, 주의사항 등을 소개하고 있다.

그 글의 일부 내용을 현대어로 고쳐서 아래에 소개한다.

얼굴 피부를 윤택하게 하고 곱게 함에는 맛사지가 무엇보다도 필요합니다. 맛사지는 혈액의 순환을 왕성하게 하며 또 고르게 하고 따라서 신진대사를 촉진하고 얼굴 근육의 발달을 돕고 피부를 부드럽게 하며 또 윤택하게 하고 항상 피부에 영양을 줍니다. 고로 그것은 고은 얼굴을 보존하는 데 가장 필요합니다. 맛사지를 하는 데는 반드시 뜨겁게 찐 수건을 씁니다. 그것은 온도의 자극으로 피부에 있는 모공을 팽창시키고 피지선, 한선 등의 기능을 왕성하게 하는 효과가 있습니다.

맛사지를 하는 방법은 여러 가지가 있습니다. 우선 미용원에서 하는 방법을 소개하겠습니다. 먼저 기계로 하는 방법도 있고 손가락 끝으로 하는 방법도 있지마는 대개는 손가락 끝으로 합니다. 그것을 하기 전에 먼저 뜨겁게 찐 수건으로 얼굴을 덮어서 얼굴을 뜻뜻하게 합니다. 수건을 두서너 번 바꾸어가면서 그와 같이 합니다. 그리한 후 얼굴이 다 식기 전에 크림을 뺨으로 볼까지 문질러가면서 바릅니다. 그 다음에는 눈두덩, 이마, 코의 순서로 바릅니다. 그리하여 놓고 맛사지를 시작합니다. 즉 손가락 끝을 빨리 놀려가면서 피부를 비비는 것입니다.

턱으로부터 시작하여서 뺨은 상하로 문지르고 입아래는 둥글게 문지르고 이마는 좌우로 하고 눈두덩은 밖으로부터 안으로 향해야 합니다. 그리고 코나래(鼻翼) 양켠은 기름이 많이 나오는 곳이니 가만가만히 하여야 합니다. 이와 같이 한 후 얼굴에 묻어 있는 더러워진 크림기를 잘 씻어 버린 후 다시 뜨거운 수건으로 얼굴을 씻어가면서 잘 닦고 그 위에 건성크림을 바르고 마른 수건으로 눌러서 피부를 윤기있게 합니다. 이것으로써 맛사지는 마칩니다.

자택에서의 맛사지법을 소개하겠습니다. 수건을 찌는 것은 미용원과 다른 곳에서 쓰는 것만 한 기계를 사용할 필요는 없습니다. 남비에 물을 좀 붓고 그 위에 무엇을 걸쳐놓고 세수수건을 접어서 그 위에 놓고 써도 훌륭합니다. 얼굴을 비누로 씻은 후 찐 수건으로써 얼굴을 두서너 번 찝니다. 그래한 후 적당한 크림을 바르고 맛사지를 합니다. 그 다음에 '카푸'로써 얼굴을 문질러서 더러워진 것을 닦아냅니다. 카푸가 없으면 탈지면도 좋고 카케도 좋습니다. 그 다음에도 찐 수건을 대고 다시 크림이나 기타 화장수를 바릅니다.

그 외의 가장 간단한 방법을 하나 소개하겠습니다. 수건을 뜨거운 물에 넣었다가 내어서 짜가지고 두세 번 얼굴을 씻은 다음에 피부가 건조한 이는 크림을 많이 바르고 지방이 많은 이는 적게 바르고 그것을 화장수로 녹여놓고 맛사지를 합니다. 외케로씨 카케로 잘 씻은 후 마른 수건으로 누르고 그 다음에 화장을 합니다. 얼굴 피부가 거친 이는 밤에 잘 때 기름기 있는 크림을 바르면 다음에도 트지 아니합니다. 이와 같은 간단한 맛사지는 크림만 있으면 아무라도 할 수가 있는 것입니다.

마지막으로 주의할 일은 체질에 대한 맛사지 법입니다. 살찐 이는 좀 힘을 들여서 맛사지를 해서 신진대사를 왕성하게 해야 좀 지방이 빠지도록 하는 것이 좋습니다. 그리고 여윈 이는 근육을 충분히 운동시키는 것이 좋습니다. 그리하는 동시에 항상 음식물과 운동에 주의하여 체질상 결핍을 보충하도록 하여야 합니다. 이와 같은 방법을 항상 사용하면 화장이 비로소 효과를 나타내게 됩니다. 그러지 못하고 거저 화장만 하면 좋다고 하야 여하히 값비싼 화장품을 사용할지라도 도리어 보기 싫게만 되고 맙니다.

이 기회에 또 한 가지 말씀 드려두고 싶은 것은 세안료와 화장료의 선택에 대하여서입니다. 가루비누 등은 가지각종 많습니다마는 어느 것이든지 여러분이 좋아하시는 것을 사용하시는 수밖에 없습니다. 그러나 너무 값싼 것은 피부에 적당하지 못하기 쉬우니 그 점에는 주의할 필요가 있다고 생각합니다. 또 사람의 체질에 따라서 적당하기도 하고 적당하지 못한 것이 있으니 주의하여야 합니다. 크리퍄분도 별별 이름을 가

1927년 12월 16일자 『동아일보』에 실린 '얼굴을 윤택하게 하고 곱게 하는 화장법'

진 것이 많아서 일일이 무엇이 좋고 무엇이 좋지 못하다고 지적할 수 없지마는 사람사람의 피부에 따라서 좋고 아니 좋은 것이 따릅니다. 그것에 주의할 필요가 있습니다. 그리고 서양에서 만든 것이라고 반드시 좋다고 생각하는 것은 잘못입니다. 자기에게 적당한가 아니한가는 이론보다는 능력에 따라서 사용하여 보는 것이 제일입니다.

위의 기록은 1927년 무렵 화장법의 경향을 보여준다. 먼저, 얼굴을 윤택하게 곱게 하는 화장법으로 마사지를 꼽았다. 마사지를 위해서 수건을 쪄서 얼굴에 대는 것으로 시작하는데, 이는 한의학의 울법(熨法, 다림질법), 즉 포대자루에 약물을 넣고 물로 뜨겁게 한 뒤 꺼내서 피부에 올려놓고 마사지하는 법과 맥을 같이한다.

둘째, 마사지기를 활용하는 것보다 손가락으로 하는 것을 위주로 한다. 이는 전통적 안마법按摩法의 맥락에서 안면 마사지를 진행한다는 데에 의미가 있다. 서양 물질문명이 들어와 기계 조작으로 하는 시스템이 효과적이라는 인식이 이미 광범위하게 퍼져 있을 시점에서 기계보다는 손가락 끝으로 마사지하는 것이 효과가 좋다는 뜻이다.

셋째, 마사지의 효과를 신진대사의 촉진, 혈액순환을 왕성하게 한다는 등 소통의 문제로 파악한다. 아울러 그 진행과정에서 모공의 확장, 피지선 기능의 활성화 등을 언급하고 있다. 이는 일본을 통해 서양적 의미의 마사지 개념이 이미 수용되었음을 뜻한다.

넷째, 가정에서 개인적으로 마사지하는 방법을 제시한다. 이 내용은 피부미용의 개념에 대한 사회적 확산을 위한 노력이라는, 이 기사의 목표와도 관련이 있다. 아름다운 피부를 갖고 싶은 것은 모든 여성의 바람이다. 이러한 바람은 당시 확산일로에 있던 여성의 사회적 진출과 열망에 맞춰 하나의 방안으로서 피부미용이라는 개념과 맞닿아 있다.

다섯째, 화장품과 체질에 대한 개념의 접목이다. 마사지법과 화장법에서 살이 찐 사람과 야윈 사람을 나누어 살펴보는데, 이는 단순히 피부의 지성과 건성의 문제만이 아닌, 큰 틀에서 인체의 특성과 연결지은 것임을 보여준다.

여섯째, 서양에서 만든 화장품이 최고가 아니라고 권고한다. 이는 민족 자본으로 만든 화장품에 대한 선전처럼 보이지만 무분별한 서양적 개념의 화장품, 서양적 아름다움의 기준 등의 난무에 대한 우려의 목소리이다.

음식과 피부미용의 관계

1929년 9월 7일자 『동아일보』에 「미용과 음식물의 관계는 퍽 깊다.─우선 몸 먼저 거두어야 될 것, 화장은 맨 나중에」라는 제목으로 피부미용과 음식물의 관계를 다룬 기사가 실려 있다. 필명을 '가명'이라고 한 것으로 보아 자신을 드러내고 싶어하지 미용 전문인으로 보인다.

그 내용을 판독하면 다음과 같다.(일제강점기의 문투이기에 현재와 조금 차이가 있다.)

여자가 용모에 대해서 말을 쓰게 되는 것은 세계 동서양을 통하고 마찬가지입니다마는 사실 우리 부녀들은 다른 나라 사람에게 비하여 비교적 유의하는 분수가 약했던 것입니다. 그러나 최근에 와서는 신식부녀들이 갑자기 화장술에 열중하는 경향입니다. 그런데 참된 미美은 화장에 달해서만 구할 수 없다는 것이 보통이다고 말하는 바입니다. 사람의 미는 단지 인형적인 것 같으면 못 씁니다. 그 미는 항상 생생한 생명의 번득임에서 나타나지 않으면 안 됩니다. 바꾸어 말하면 심신의 건강을 토대로 하고 거기서부터 나오는 미여야 합니다. 그것을 바라는 제일로 정신 제이로 음식을 제삼으로 운동이고 화장을 제사로 생각할 뿐이라 하겠습니다. 그런데 대개는 제일에서부터 제삼까지는 제이로 하고 제사의 화장이 주장이 되는 모양인데 이것은 그릇되는 사실입니다. 진정한 육체미용모미는 제일로부터 제삼까지가 근본이 될 것으로 그 중에도 음식물이라는 것은 매우 깊은 관계를 가지고 있습니다. 여기서 음식물을 중심으로 미용방면의 이야기를 해 본다면 이렇습니다. 일반적으로 조선 가정의 주부 또한 말하면 밖에 많이 나오지 않습니다. 심하면 사회와는 몰교섭의 상태에 들어가서 집이라는 조그마한 세계 속에 있어서 주위의 복잡한 사정이라든지 그 외에 여러 가지에 달해서 아무튼 항상 그 무슨 알 수 없는 압박을 받아가며 언제든지 심신의 노고를 남모르게 느끼고 있는 부인의 대다수인 모양입니다. 이러한 이유로 해서 건강이라는 것에 대단한 상처를 받습니다. 여기서 구미歐米의 부녀들에게 비교해본다면 젊고 씩씩한 기운이 빨리 쇠하여 젊었던 시대의 용모미라는 것이 사라져버리는 것입니다. 그때에 그 근본적 원인을 깊이 생각지도 않고 자기에게서 떠나가 버린 미를 화장으로만 붙들어두려고 애를 쓴다는 것은 도리어 추태로 보이는 수밖에 없습니다. 차라리 화장을 어떻게 하면 좋은가 하는 궁리에 골몰하는 것보다는 생활상에 여러 가지의 번뇌한 문제가 있더라도 너무 그러한 문제에 매어 달리지 말고 될수록 기분을 부드럽게 가지고 있도록 노력하는 것이 제일입니다. 정신상 여유를 있게 하고 항상 상쾌한 기분으로 살아갈 것 같으면 미용의 아름다움을 보존할 수 있으며 또 피부의 미를 보존시키는 데 긴요한 조건입니다. 그리고 한편으로 식물정양의 섭취에도 충분히 주의를 해야 할 것입니다. 그러나 음식물로써 미를 표현케 한다고는 하나 거기에는 다소간 제한이 없지는 않습니다. 백합화나 옥잠화가 들꽃으로 배양할 즈음 여러 가지 색소를 주어서 기르면 여러 가지 꽃이 핍니다. 즉 이 꽃들은 양분에 따라서 빛깔을 변케 해갈 소질을 가지고 있는 것입니다. 이와 마찬가지로 동물에도 음식물에 따라서 이렇게 저렇게 변화하며 또 그렇게 할 수 있는 수도 더러 있는 것입니다.

위의 글에서 1929년 무렵 일제강점기 조선의 미용과 관련한 인식을 엿볼 수 있다.

첫째, 박제된 인형 같은 아름다움(美)보다는 내면적으로 표출되는 아름다움이 더 값진 것이라고 주장한다. 이 글에서 "그 미는 항상 생생한 생명의 번득임에서 나타나지 않으면 안 됩니다. 바꾸어 말하면 심신의 건강을 토대로 하고 거기서부터 나오는 미여야합니다"라는 말로 표현하고 있다. '심신心身의 건강'이란 정신과 육체의 조화를 일컫는 것으로써 단순히 외향만 장식하는 것으로 극복되지 않는다는 주장이다.

둘째, 아름다움을 꾸미는 방식에 있어서 본말本末, 즉 근본과 말단의 문제를 논한다. "그것을 바라는 제일로 정신 제이로 음식을 제삼으로 운동이고 화장을 제사로 생각할 뿐이라 하겠습니다"는 글에서 알 수 있듯이 정신, 음식, 운동, 화장의 네 가지를 꼽으면서 특히 정신, 음식, 운동의 세 가지가 근본이고 화장은 말단의 문제로 논하고 있다. 기본이 되는 되는 세 가지 가운데 특히 음식이 중요하다고 주장한다.

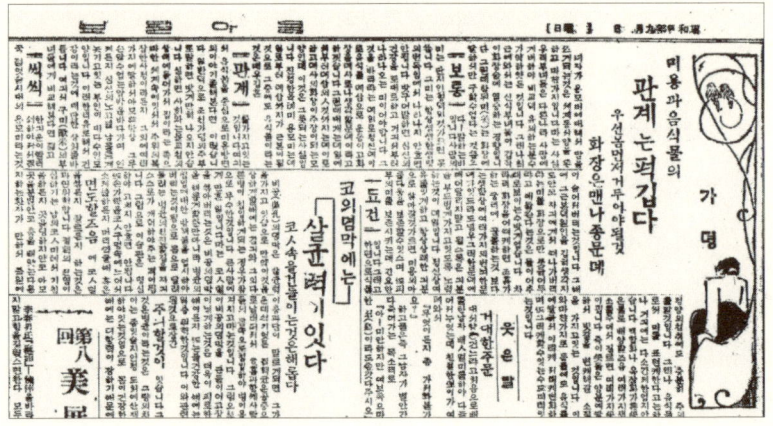

1929년 『동아일보』에 게재된 피부 미용 관련 기사

셋째, 피부 미용을 위해서 상쾌한 기분으로 살아갈 것과 식물성 영양소를 잘 섭취할 것을 주장한다. 피부미용에서 원론적인 이야기인 듯하지만 이는 인체의 오장육부가 피부와 밀접하게 관련되어 있다는 인식에 뿌리한다.

넷째, 위의 글을 투고한 사람이 한방화장품의 콘셉트로 피부미용을 논한다. 피부를 단순히 몸의 거죽으로 여기고 화장품만으로 위장할 수 있다고 생각한다면 인체의 내면적 상태를 개선하기 위한 방안을 제시할 필요가 없을 것이다. 이 글에서 주장하는 피부의 개념, 아름다움의 개념은 다분히 한방화장품의 콘셉트로 구성되어 있음을 알 수 있다.

1955년에 간행된 『미용, 이용 위생독본』

우리들은 각자各自가 그 생활과정生活過程에서 모든 것을 과학적科學的으로 분석연구分析研究하여야만 국가사회國家社會의 복지福祉를 증진增進시키며 국제적國際的 후진성後進性을 퇴치退治할 것이다. 예컨대 미용美容, 이용理容도 벌써 그 형식적形式的인 직업적職業的 답습踏襲을 떠나서 근본적根本的이며 본격적本格的인 해부생리위생학解剖生理衛生學 기반基盤에서 분석연구分析研究되어야만 진실眞實로 그 이론理論과 기술技術의 발전發展이 약속約束될 것이며 따라서 그 사명使命인 보건保健과 사교적社交的 면면에도 프라스가 될 것이다.

이러한 관점觀點에서 저자著者의 이 독본讀本은 당연當然히 우리나라 미용美容, 이용계理容界의 역사적歷史的 빈약성貧弱性을 보충補充하며 앞으로의 진전進展을 육성育成할 것이다. 또한 미용美容, 이용理容은 그 사회적社會的 중요성重要性에 비추어 매개인每個人의 일상생활日常生活에 불가분不可分의 관계關係에 있으니 비단非但 그 직업적職業的인 인사人士뿐 아니라 일반가정一般家庭의 상비적常備的 복음서福音書로써 이 책은 보

1955년에 간행된 『미용, 이용 위생독본』. 현재 경희대학교 한의대 의사학교실에 소장되어 있다.

건위생保健衛生에 기여寄與할 바가 크다고 생각합니다.
비록 한 개의 위생독본衛生讀本이기는 하나 현실現實을 정시定示한다면 국토통일國土統一을 앞둔 수난受難의 역경逆境에서 성취成就한 애국적愛國的인 저자著者의 열정熱情과 노력努力에 대對하여는 충심衷心으로 존경尊敬하는 바이다.

위의 글은 1955년 대한출판문화사에서 간행한 『미용美容, 이용理容 위생독본衛生讀本』의 서두에 나오는 강수만姜洙構의 서문이다. 이 책의 표지에는 미용이용사시험중앙위원美容理容師試驗中央委員인 이춘분李春分, 1918~?)이 편저하고 의학박사醫學博士 강수만이 감수했다고 적혀 있다. 이춘분은 부산미용학원 부원장, 부산미용연합회 부회장을 역임

한 인물이다.

저자 이춘분은 "우리나라에 아직까지 이용, 위생에 대한 과학적인 책이 없음을 극히 유감천만으로 여기는 동시에 이용, 미용계에 전문적인 책이 있어야 할 필요성에 절감하여 편자의 천식을 불구하고 이 책을 엮은 바이다"라고 천명하고 있다.

이 책은 저자와 감수자가 밝히고 있듯이 해방후 간행된 미용에 대한 과학적 연구를 위한 지침서이다. 제1편은 생리해부, 제2편은 피부과학, 제3편은 소독법, 제4편 공중위생, 제5편 전염병, 제6편 물상(이화학)으로 구성되어 있다.

제1편 생리해부에서는 골격, 근육, 소화기, 순환기, 비뇨기, 신경, 감각, 내분비 등의 구조와 기능, 질병과 위생 등에 대해 정리하고 있다. 제2편 피부과학에서는 피부의 해부와 생리, 피부의 부속기관, 모발의 해부와 생리, 피부와 모발의 질환, 피부와 모발의 위생 등을 다루고 있다. 제3편 소독법에서는 소독에 대한 총론, 이학적 소독법, 화학적 소독법, 소독의 실제 등으로 나누어 고찰하고 있다. 제4편 공중위생에서는 공중위생의 목적, 환경위생, 물의 위생, 영양과 음식물 위생 등을 다룬다. 제5편 전염병에서는 미생물의 분류, 세균의 형태, 세균발육과 증식, 세균의 생활현상, 세균의 사멸과 저항력, 세균의 독성, 세균의 병원, 세균검사 등을 '세균학'이라는 제목으로 논한 뒤 전염병 총론, 법정전염병, 만성 전염병 등을 다루고 있다. 마지막으로 제6편 물상(이화학)에서는 물리학, 화학, 화장품학 순으로 정리하고 있다. 특히 제3장인 '화장품학'은 화장품 개론, 화장품 원료화학, 화장품 각론, 파라먼트

용 물품으로 구성되어 있다.

이 책에서는 화장품을 다음과 같이 정의하고 있다.

화장품은 신체를 청결히하며 피부를 윤택하게 하고 신체의 미를 조성하기 위한 방법으로서 사용하게 되는 것이다. 동시에 피부 본래의 생리적 활동을 도와주며 거기에 의해서 건강보전에 충분한 역할을 제공하도록 하는 것이다. 그러므로 화장품은 일종의 생활필수품으로 규정하게 되는 것이다.

6

『동의보감』과 한방화장품

『동의보감』과 피부미용

　『동의보감』의 위대성은 이 의서가 의학적 내용뿐 아니라 의료문화적 요소들까지 포괄하여 제시하고 있다는 점이다. 이러한 까닭으로 『동의보감』은 의서로서 한의학 관련 분야뿐만 아니라 철학, 사학, 인류학, 보건학, 민속학 등 제반 인접 분야에서 중요한 자료로 다루고 있다.
　『동의보감』 속에 보이는 피부미용 혹은 화장품 관련 내용은 아직 학계의 미개척 분야이다. 이러한 원인에는 근본적으로 의서가 본래 화장품 관련한 내용이 중심이 아니라는 태생적 한계가 있기 때문이다. 이러한 한계가 있음에도 피부미용과 화장품의 한의학적 이론에 대한 고찰이 필요하며, 이러한 고찰을 통해 한방화장품과 한의학이 보다 더 구체적으로 만날 수 있게 될 것이다. 특히 한국 한의학의 중심에 서 있는 『동의보감』과의 연계를 밝히는 작업은 구체적으로 그 결실을 얻는 소중한 기회라고 생각한다.
　화장품과 『동의보감』에 나오는 외용제나 내복약, 각종 심리요법, 피부 마사지 등은 피부의 건강과 아름다움, 정신적 안정과 정서적 향상을 도모한다는 점에서 공통점을 찾을 수 있다.

피부는 인체의 오체(五體, 피육맥근골皮肉脈筋骨) 가운데 하나로 표층을 지배하지만 인체 내부와 끊임없이 소통한다. 인체 내부는 오장육부五臟六腑가 중심이 되어 인체의 정기를 담당하고, 밖으로 피부 위의 경락經絡과 소통되어 상호 연계된다. 그러므로 피부 표면의 특정 부위의 이상異常은 해당 장부의 이상을 반영하며 이러한 이상은 인체의 전체적 균형의 상실을 의미한다. 특히, 오장(五臟, 간심비폐신肝心脾肺腎) 속에는 오신(五神, 혼신의백지魂神意魄志)의 5가지가 깃들어 있는데, 이 오신은 피부로 오색(五色, 청적황백흑青赤黃白黑)으로 발현된다.

얼굴은 오장五臟이 이목구비耳目口鼻를 통해 기운을 드러나는 곳이다. 이목구비는 한의학에서 오장과 연계되어(즉, 간肝과 목目, 심心과 설舌, 비脾와 구口, 폐肺와 비鼻, 신腎과 이耳) 그 개합(開闔, 열리고 닫힘)이 해당 장기의 양기陽氣의 발현과 깊이 관련 있다. 그러므로 오장이 건강한 상태를 유지하여 이목구비를 건강한 상태가 하는 것, 바로 얼굴화장의 목표 가운데 하나라고 할 수 있다.

얼굴에 나타나는 오색인 청적황백흑은 오장인 간심비폐신의 상태를 반영하므로 이때 얼굴 피부 색깔의 변화를 일으키는 약물, 외용제, 안마법 등이 피부미용법의 하나로 접근할 수 있다.

몸 전체는 얼굴과 몸통은 상하로 구별되어 있으니 그 기운의 승강升降에 따라 얼굴의 피부상태 변화를 감지할 수 있다. 그러므로 건강한 피부를 유지하려면 기운의 승강을 조절하는 것이 급선무이다. 젊고 탱탱한 피부를 유지하려면 화火가 위에 있고 수水가 아래 있는 화수미제

火水未濟의 상태가 되어서는 안 되며, 수가 위에 있고 화가 아래에 있는 수화기제水火旣濟의 상태가 되어야 한다. 수는 윤기潤氣를 의미하며 화는 건조乾燥를 의미한다. 수가 위에 있고 화가 아래에 있는 수화기제의 상태가 원활하게 이루어지려면 명문화命門火가 하초신간下焦腎間에 잘 갈무리되어 있어야 하며 이를 위해 『동의보감』에서 제시하는 각종 양생법과 약물요법, 침뜸요법 등이 효과적일 수 있다.

피부가 건강하지 못한 원인에는 크게 내상內傷과 외감外感을 꼽을 수 있다. 내상은 음식飮食, 노권勞倦, 칠정七情으로 구분되며, 외감外感은 풍한서습조화風寒暑濕燥火의 육기六氣가 이에 속한다. 특히, 외감보다 내상은 피부 손상의 중요한 원인으로 이에 대한 충분한 고려가 필요하다. 내상에서 꼽는 음식상飮食傷, 노권상勞倦傷, 칠정상七情傷은 인체 기운의 변화를 일으켜 피부의 건강이 손상될 수 있다.

음식은 태과太過와 불급不及으로 구분되는데, 음식의 섭취를 태과하면 이것은 식적食積이 되어 인체 내부 기운이 적체積滯 되고 피부의 손상으로 이어지게 되며, 불급不及의 경우에도 기허氣虛로 이어져 피부의 마목(麻木, 저리면서 감각이 없는 증상), 색요(色夭, 피부로 안 좋은 색이 나타남) 등으로 이어질 수 있다. 노권상은 노역태과勞役太過에 따른 기허발열氣虛發熱, 운동 부족에 따른 기체氣滯, 방로과다房勞過多에 따른 신허腎虛 등으로 구분되며 각각의 경우 피부 상태를 악화시킬 수 있다. 칠정七情은 희로우사비경공喜怒憂思悲驚恐의 일곱 감정을 말하니, 이 일곱 감정은 인체의 기운의 흐름을 역행시켜 피부의 색깔과 윤기에 변화를 일으킨다.

『동의보감』에는 몇몇 화장품에 대한 기록이 나온다. 옥용산玉容散, 연교산連翹散, 홍옥산紅玉散, 옥용서시산玉容西施散, 황제도용금면방皇帝塗容金面方, 옥용고玉容膏 등이 그러한 것들이다. 이 약물들은 화장품의 개념과 약물의 개념이 함께 섞여 있다는 점에 의미가 있다. 그리고 피부 마사지, 얼굴 마사지 등의 방법이 등장하는데, 이는 피부미용에서 중요한 콘텐츠로 활용할 수 있는 부분이다.

미용의 주대상인 피부를 한의학에서는 첫째, 외부의 자극을 받아들이는 관문으로 여긴다. 피부는 인체의 외부에 있으면서 외부의 자극을 가장 먼저 받아들이고 반응하는 최초의 창구이다. 그러므로 피부의 목적은 정기正氣를 받아들이고 잡기雜氣를 막아내어 몸속의 장부를 보호하는 것이 주된 임무이다. 아울러 내부의 습열과 찌꺼기를 배출하여 원활한 신진대사가 이루어지게 하는 것도 주요 역할이다. 둘째, 피부는 몸과 마음의 상태를 반영하는 거울이다. 피부를 통해 오장육부를 비롯하여 우리 몸속의 질병의 상태, 그리고 마음의 상태는 피부로 반영된다. 따라서 몸과 마음의 상태가 건강한 사람은 피부가 맑고 곱고 윤택하지만 몸의 어느 한 부분 혹은 마음이 안 좋은 상태라면 곧바로 피부를 통해 나타난다. 이는 한의학에서 망진望診이라는 진단법의 일부 내용에 포함되는 사항이다. 셋째, 피부는 건강의 처음이자 마지막이다. 건강상태는 피부를 통해서 바로 측정되므로 피부를 다스리기 위해서는 관련 기관을 다스리는 치료를 병행해야 한다. 이러한 점은 한방외과에서 사용하는 내과적 방법으로, 외과를 치료하는 내탁법內托法의 원리와도 통한다.

『동의보감』에서는 피부를 ①12경의 낙맥이 분포하여 12경락과 오장육부의 이상이 겉으로 드러난 부위, ②폐에 속하는 부위, ③인체의 가장 바깥이므로 처음으로 외기外氣를 접하는 곳으로 파악하고 있다. 그리고 피부질환의 원인으로는 위열胃熱, 혈허열血虛熱, 담열痰熱, 기허습담氣虛濕痰, 어혈瘀血, 허손虛損 등이 있다.

『동의보감』에서는 피부에 나타나는 증상을 원인과 묶어서 다음과 같이 설명한다. 피부가 가렵고 아픈 것은 음혈陰血이 허하여 내열內熱이 심해진 경우이다. 반진斑疹이 생기는 것은 위열胃熱과 심열心熱이 항성하여 생기는 것이고, 은진癮疹은 온독溫毒이 원인이다. 마목麻木은 영위營衛의 흐름이 원활하지 못해서 생긴다. 색택증素澤證은 허손虛損 때문에 정혈精血이 말라들어가 피부에 윤기가 없어지는 것이다. 전풍癜風, 역양풍癧瘍風, 백철白驖은 풍사風邪로 혈기血氣의 조화가 깨져서 생긴다.

피부를 치료하기 위해서는 내상과 외감의 감별이 중요하다. 특히 내상을 다스리는 것이 중요하다. 비위는 기육을 주관하는데, 기육은 피부와 인접해 있으므로 기육의 열이 쉽게 피부로 올라온다. 기가 몰려서 습열과 담이 생기고 혈이 막히게 되면 음식물이 소화가 되지 못해 중초의 열이 피부로 발산되는 과정에서 피부병이 발생한다. 따라서 육부六府의 한열寒熱을 조절하는 것이 피부병 치료의 관건이 된다.

『동의보감』에서 얼굴은 우리 몸 전체를 반영하고 있으므로 그 모습과 색 등이 진단과 치료에서 중요한 의미를 가지고 있는 것으로 본다. 얼굴은 모든 양陽이 모이는 곳(諸陽之會)이기에 추위를 견뎌낼 수 있다.

또한 족양명위경足陽明胃經이 얼굴을 엮고 있으므로 얼굴에 생긴 병은 위胃와 밀접한 관련이 있다. 얼굴에 열이 있는 것, 얼굴이 시린 것 등은 모두 위와 밀접한 관련이 있다. 얼굴에 생긴 대양증戴陽證은 속이 허한 虛寒한 상태에서 표表로만 열이 몰린 경우이므로 함부로 속을 쳐서는 안 된다.

『동의보감』에서 피부미용에 접목할 수 있는 내용들에는 무엇이 있는가는 곧 이 책의 현대적 활용방안에 대한 새로운 가능성을 보여주는 것이다. 특히, 이 책이 한국 한의학의 역사에서 차지하는 비중을 생각해볼 때 더욱 그러하다.

먼저, 『동의보감』의 정기신精氣神 개념의 활용이다. 정기신은 본래 도가道家에서 삼보三寶라 하여 중요하게 여기지만, 『동의보감』에서는 이를 의학적인 관점에서 질병과 치료라는 면으로 수용했다. 정精은 신장 속에 들어 있는 정기의 의미로, 이의 유무는 피부의 윤기의 정도로 드러난다. 기氣는 피부의 힘으로 측정되지만 지나치게 항성하면 피부의 울체를 일으킬 수도 있다. 신神은 피부 색을 통해 살필 수 있는 인체의 생명력의 표현이다.

둘째, 오장五臟 속에 깃들어 있는 오신五神의 상태가 밖으로 표출되는 오색五色과 피부미용과의 관계이다. 흔히 건강 미인이라는 것은 오색이 조화롭게 드러나는 생명력 있는 피부를 가진 사람을 일컬으며, 이를 위해 오장 건강이 필수적이다.

셋째, 얼굴의 구역에 따른 인체 부위의 배속에 대한 문제이다. 『동의보감』에는 얼굴을 몸 전체에 배속한 내용이 실려 있는데, 이는 얼굴 상

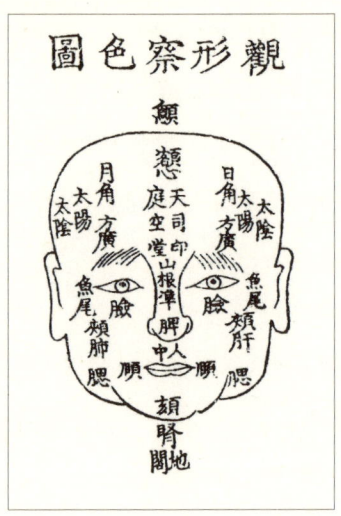

『동의보감』에 실려 있는 얼굴 진단용 그림

태가 몸 전체의 상태를 반영하는 것이기도 하지만, 이와 반대로 얼굴의 상태를 개선하는 각종 처치가 몸 전체의 균형을 유지하는 데에 도움을 줄 수 있다는 의미가 포함되어 있다.

넷째, 『동의보감』에 등장하는 각종 외치법外治法을 피부미용에 활용할 수 있는 방안이다. 피부병에 사용하는 각종 연고제, 외용제, 내복약, 안마도인법 등은 그대로 피부미용에 사용할 수 있는 콘텐츠이며 앞으로의 활용이 기대되는 부분이다.

다섯째, 안마도인법按摩導引法의 활용 문제이다. 『동의보감』에서 소개하는 각종 안마도인법을 피부미용에 접목하여 보조적으로 사용할 수 있는 부분이다.

여섯째, 『동의보감』에 등장하는 각종 식이요법에 대한 내용도 피부미용 관련 콘텐츠로 활용할 수 있으리라 생각한다.

일곱째, 『동의보감』에 나오는 반노환동返老還童이라는 개념은 노인의 피부를 젊은이처럼 탱탱한 피부로 바꾸는 것도 포함하고 있기에 이에 대한 치료학적, 양생학적 검토가 필요하다.

이렇듯 『동의보감』에 나오는 피부미용 관련 내용들은 앞으로 이 책이 현대에 어떤 방향으로 활용되어야 할 것인가에 관한 새로운 방향을 우리에게 제시해주고 있다.

피부미용 처방들

『동의보감』「외형편」'면문面門'에 【면상잡병面上雜病】이라는 제목으로 다음과 같은 글을 싣고 있다.

풍자風刺, 분자粉刺, 간증䵟䵳, 좌비痤痱, 주사酒皻, 폐풍창肺風瘡 등은 모두 얼굴의 병들이다. ○ 풍風이 피부에 깃들고 담痰이 장부를 적시면 얼굴에 간증이 생긴다. 비폐脾肺에 풍습風濕과 열열熱熱이 다투면 창瘡이 생겨 홍자색紅紫色을 띠어 혹 부어오르기도 한다. 승마위풍탕升麻胃風湯을 가감加減하여 사용한다. ○ 얼굴에 열독熱毒이 생겨나 창절사비瘡癤痧痹가 나타나면 황련산黃連散, 유황고硫黃膏, 백부자산白附子散, 청상방풍탕淸上防風湯이 마땅하다. ○ 얼굴에 생겨나는 일체의 풍자風刺, 분자粉刺, 작란반雀卵斑, 간증䵟䵳, 염자黶子에는 옥용산玉容散, 연교산連翹散, 홍옥산紅玉散, 옥용서시산玉容西施散, 황제도용금면방皇帝塗容金面方, 옥용고玉容膏가 마땅하다.

풍자는 여드름, 분자는 분독, 간증은 기미, 좌비는 땀띠, 주사는 딸기코, 폐풍창은 나병을 말한다. 이러한 증상들은 얼굴의 피부를 흉하게 만들어 미용의 적이다. 『동의보감』에서는 이 증상들의 치료 개념으로 처방을 기록하고 있는데, 외용제와 내복약으로 나뉜다. 그 처방들은 다음과 같다.

〔백연산栢連散〕 얼굴 위에 생긴 열독악창熱毒惡瘡을 치료한다. 황백자黃栢炙, 황연호분초黃連胡粉炒를 같은 분량으로 하여서 곱게 갈아서 돼지기름과 섞어서 자주 창상瘡上에 발라준다.

〔유황고硫黃膏〕 얼굴에 창瘡이 생기거나 코와 뺨이 적자색赤紫色으로 바뀌는 것과 풍자風刺, 분자粉刺 등이 생긴 경우 어떤 약을 써도 낫지 않을 때 쓴다. 생유황生硫黃, 백지白芷, 과루근瓜蔞根의 기름진 가루 각 반전각半錢, 전갈全蝎 3개 선각蟬殼 5개 완청莞青 7개를 날개와 다리를 자른 것을 가루로 낸다. 이것들을 참기름과 황납黃蠟을 화장품 기름을 만드는 것처럼 고르게 섞어서 불에 녹여 아래 것을 취한다. 여기에 가루 낸 약을 넣고 잘 섞는다. 매번 조금씩 사용하여 잠자기 전에 얼굴을 씻고 나서 얼굴에 발라주되 눈주위에는 하지 않는다. 며칠 지나면 붉은 기가 저절로 없어지고 풍자와 분자가 사그라든다.

〔백부자산白附子散〕 얼굴에 열창熱瘡 혹은 반점斑點이 생긴 것을 치료한다. 백부자白附子, 밀타승密佗僧, 백복령白茯苓, 백지白芷, 관분官粉을 같

은 양을 가루낸다. 무 끓인 물로 얼굴을 씻고 나서 앞의 약들을 양젖으로 개어서 고약을 만들어 환부에 붙인 후 다음날 아침에 씻어낸다. 양젖이 없으면 사람의 젖으로 대신한다.

〔청상방풍탕淸上防風湯〕 상초上焦의 화火를 맑혀서 두면頭面에 생긴 창절풍열독瘡癤風熱毒을 치료한다. 방풍防風 1전一錢, 연교連翹, 백지白芷, 길경桔梗 각 8푼八分, 주초편금酒炒片芩, 천궁川芎 각 7푼, 형개荊芥, 치자梔子, 황련주초黃連酒炒, 지각枳殼, 박하薄荷 각 5푼, 감초甘草 3푼을 썰어서 한 첩을 만들어 물에 끓인 후에 죽력竹瀝을 다섯 숟가락 넣은 후에 복용한다.

〔옥용산玉容散〕 얼굴 위에 생긴 간증䵟黵을 치료한다. 소창小瘡 혹은 좌비痤痱, 분자粉刺 등과 피부소양皮膚瘙痒 등의 증상에도 효과가 있다. 조각皂角 1근一斤, 승마升麻 2냥二兩 6전 반六錢半, 저실자楮實子 1냥 6전 반, 백지白芷, 백급白芨, 천화분天花粉, 녹두분菉豆粉 각 3전三錢 3푼 반三分半, 감송甘松, 축사縮砂, 백정향白丁香 각 1전 6푼 반, 나미糯米 3홉三合을 가루 내어 고르게 섞어서 얼굴을 씻어준다. 어떤 처방에는 장뇌樟腦를 2전二錢 넣기도 한다.

〔연교산連翹散〕 얼굴에 생긴 곡취창穀嘴瘡, 즉 세속에서 말하는 분자粉刺를 치료한다. 연교連翹, 천궁川芎, 백지白芷, 편금片芩, 황련黃連, 사삼沙參, 형개荊芥, 상백피桑白皮, 치자梔子, 패모貝母, 감초甘草 각 7푼을 썰

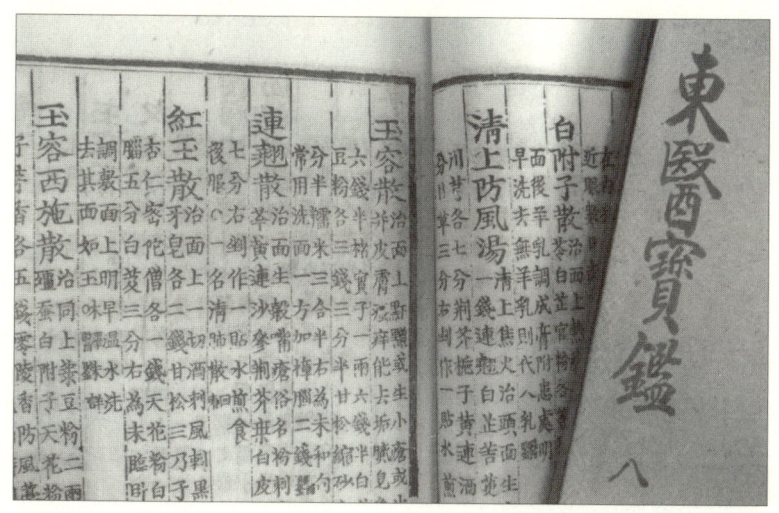

『동의보감』에 소개된 피부미용 관련 여러 가지 처방

어서 한첩을 만들어 물에 끓여 식후에 복용한다. 이를 청폐산淸肺散이라 하기도 한다.

〔홍옥산紅玉散〕 얼굴에 생긴 일체의 주자酒刺, 풍자風刺, 흑염반자黑黶斑子 등을 치료한다. 백지白芷, 곽향藿香, 아조牙皂 각 2전, 감송甘松, 삼내자三乃子, 목택木澤, 백정향白丁香, 세신細辛, 행인杏仁, 밀타승密佗僧 각 1전, 천화분天花粉, 백복령白茯苓 각 1전 반, 장뇌樟腦 5푼, 백급白芨 3푼 등을 가루 내어 잠자기 전에 침이나 젖에 개어서 얼굴에 바른다. 다음날 아침에 따뜻한 물로 씻어내면 얼굴이 옥과 같이 된다.

〔옥용서시산玉容西施散〕 얼굴에 생긴 일체의 주자酒刺, 풍자風刺, 흑염반자黑屬斑子 등을 치료한다. 녹두분菉豆粉 2냥, 백지白芷, 백급白芨, 백렴白斂, 백강잠白殭蠶, 백부자白附子, 천화분天花粉 각 1냥, 감송甘松, 삼내자三乃子, 모향茅香 각 5전, 영능향零陵香, 방풍防風, 고본藁本 각 2전, 비조각肥皂角 2정二錠 등을 곱게 가루내어 얼굴 씻을 때마다 사용하면 얼굴이 옥과 같이 된다.

〔황제도용금면방皇帝塗容金面方〕 주사朱砂 2전, 건연지乾胭脂 1전, 관분官粉 3전, 오매육烏梅肉 5개五箇, 소뇌小腦 5전五錢, 천궁川芎, 소허少許 등을 가루 내어 잠자기 전에 침에 개어서 바른다. 다음날 따뜻한 물로 얼굴을 씻으면 얼굴이 아이처럼 고와진다.

이들 처방들 가운데 외용제의 경우는 의학적으로 발생하는 치료효과뿐 아니라 피부미용의 효과가 탁월한 것들이다.

특히 청상방풍탕淸上防風湯의 경우에는 현종 원년(1660년) 7월 7일에 현종의 안면 질환을 치료하기 위해 언급한 기록이 있다. (藥房都提調李景奭, 提調尹絳, 右承旨南龍翼啓曰, 雨餘新涼乍動, 伏未審夜來, 聖體調攝若何, 頭面眼候, 與昨如何? 足部患處, 漸愈否? 昨入淸上防風湯, 所調竹瀝未入, 似不進御. 洗眼湯, 日進三貼, 連爲洗之耶? 今日似當入診, 臣等憂慮未弛, 敢來問安, 竝有稟焉. 答曰, 知道. 症候, 當言于醫官矣.『承政院日記』)

이밖에 얼굴에 사용하는 안마법按摩法이 있는데 다음과 같다.

손바닥을 비벼 뜨거워지게 한 다음에 이마를 자주 문질러 준다. 이를 수천정修天庭이라고 한다. 머리털 난 짬까지 14번에서 21번 문질러주면 얼굴에서 저절로 광택이 돈다. 손을 반드시 얼굴에 두어야 한다는 것이 이것이다.

여기에서 "손을 반드시 얼굴에 두어야 한다(手宜在面)"라는 말은 얼굴의 피부미용의 중요성을 강조한 문구로, 이를 통해 『동의보감』에서 얼굴의 피부미용을 얼마나 중요하게 여겼는지를 가늠해볼 수 있다.

피부미용과 '정기신론'의 만남

정기신精氣神은 정精, 기氣, 신神 세 단어의 조합이다. 본래 도가道家에서 양생술을 논할 때 사용한 용어였지만, 허준이 『동의보감』을 집필하면서 수용해 의학적 용어로 자리잡게 되었다. 정은 신장 속에 깃들어 있는 정기를 말하니 인체의 근본을 이루는 정미로운 물질이다. 기는 에너지의 형태로 존재하는 인체의 기본적 원기이다. 신은 정과 기 등의 물질적 바탕 위에서 나타나는 정신작용이다. 이러한 도가적 정기신의 논리를 『동의보감』에서 앞부분의 목차로 삼고 있는 것은 이 책이 도가적 양생론을 의학적으로 수용한 하나의 예를 보여주는 것이다.

정기신을 중심으로 구성한 논의체계인 '정기신론'은 한국의 한의학을 대표하는 핵심적 인체생리론이다. 정기신론을 허준이 400년 전에 제시한 이후로 한국의 한의학계는 이 이론의 우산 아래에서 양생론, 치료론, 예방의학론, 건강론, 인체론 등 각종 의학적 담론을 구성해왔다. 그러나 피부미용과 관련해서는 정기신론을 한번도 연계하여 거론한 적이 없다. 피부미용과 정기신은 밀접한 관련이 있다. 인체 내부의 생리적 기초가 되는 정기신의 상태는 피부로 나타나므로 피부로 드러난 상태를 진단하여 피부미용을 위한 각종 방법으로 그 상태를 개선할 수 있기 때문이다. 여기에 피부 미용과 정기신의 만남이 필요한 당위성이 존재한다.

'정精'은 음식물로부터 추출해낸 정미로운 물질로 뇌수를 채운 후에 골수로 유주流注하여 뼈 속을 채워주는 엑시스이다. 이것은 인체 내에서 정액의 형태로 저장된다. 지나친 성생활, 시청언동視聽言動 등으로 정액이 많이 모손되면 머리가 빙빙 돌며 귀에서 소리가 나며 종아리가 시큰거리고 눈앞이 아득해진다. 정이 손상되는 증상은 모발이 하얗게 세는 현상을 통해 고갈의 정도를 판단하며 유정과 몽정 등의 증상으로 나타나기도 한다. 그러므로 이러한 정은 반드시 아끼고 함부로 망설해서는 안 된다고 허준은 역설한다. 서영태徐靈胎 같은 중국 청나라 학자들은 정액을 때때로 사출해도 된다는 입장을 표명하지만, 허준은 함부로 모손시켜서는 안 된다고 극단적인 입장을 표명한다. 이는 인체의 건강을 지키는 데에 정이 기본이 된다는 굳은 신념을 나타내는 것으로, 그의 건강관의 전제이기도 했다. 정이 소모되면 피부로 공급되는 진액이 부족하게 되므로 윤기가 없고 주름진 거친 피부로 바뀌게 된다. 얼굴이 초췌해져 나이가 들어보이는 원인이 정의 부족과 관련이 깊기에 나이들어 보이는 피부를 젊은이의 피부로 바꾸는 '반노환동返老還童', 즉 '노인을 어린아이처럼 바꿔주는' 방법은 정을 채워주는 방법이 기본이 된다. 그러므로 피부에 발라서 윤기를 공급하고 주름을 제거해주는 화장품 혹은 미용을 위한 각종 마사지 요법은 정을 공급하는 원리에

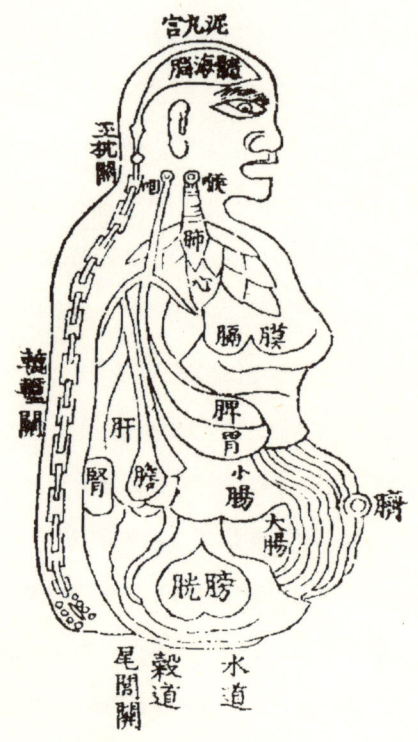

『동의보감』의 신형장부도身形藏府圖. 정기신 운용의 장場으로서 인체를 묘사하고 있다.

따른 것이며 이러한 화장법을 통해 인체의 정을 채우기도 한다.

'기氣'는 온몸에 고르게 퍼져서 순환하는 것이 원칙이다. 기가 고르게 온몸에 퍼져서 순환하기 위해서는 먼저, 적당한 양의 기가 인체에 존재해야 하고, 둘째, 기가 원활하게 운행되어야 하며 울결되어 흐름이 막혀서는 안 된다. 첫 번째의 경우에서처럼 적당한 양의 기가 인체에 존재해야 함에도 그렇지 못한 것을 기허氣虛라고 하고, 두 번째의 경우에서처럼 기가 원활하게 운행되어야 함에도 울결되어 흐름이 막힌 것을 기울氣鬱이라고 한다. 기허는 기운이 부족해서 나타나는 무력한 맥상의 출현, 사지 무력, 자한自汗 등의 증상이 특징이고, 기울은 기가 울체되어 나타나는 기통氣痛, 기역氣逆, 부종浮腫, 창만脹滿 등이 증상으로 나타난다. 그러므로 기허인지 기울인지를 그 사람의 상태를 보아 판단하고 이에 상응하는 처치를 시행해야 한다. 피부와 관련하여 말하면, 전신적으로 기허라는 원인이 있다면 피부의 무력, 오한, 창백, 차가움, 쓰라린 피부 등의 증상으로 나타난다. 기허로 때문에 피부로 양기陽氣가 제대로 공급되지 못하는 것이다. 이러한 때는 기를 공급할 수 있는 화장품을 발라주거나 각종 외부적 자극을 가하여 피부를 팽팽하게 해주어야 한다. 기의 작용 가운데 피부를 따뜻하게 해주는 중요한 작용이 실조되었기 때문이다. 기울의 경우에는 반대로 기가 피부에 울결되어 피부에 통증이 나타나며 무한無汗, 즉 땀이 나지 않고 얼굴이 붓고 홍조를 띠며 변비 증상까지 동반한다. 기울은 전신적인 증상으로 나타나기에 피부의 문제를 해결함과 동시에 전신적 증상도 같이 해결하는 것이 좋다. 특히, 변비는 피부 건강을 위해서 반드시 해결해야 할 증상이다.

기울의 증상을 가진 피부에는 피부를 긴장된 상태에서 벗어나게 해주는 각종 화장품과 피부 마사지를 활용할 수 있다.

'신神'은 육체적 안정을 바탕으로 발현하는 정신작용이다. 신은 심장心臟 속에 깃들어 있으면서 정신작용을 일으키는데, 이러한 이유에서 신이 원활하게 작용하기 위해서는 심장 속에 신이 제대로 깃들일 수 있는 환경이 조성되어야 한다. 심장 속에 신이 제대로 깃들기 위해서는 심장 속으로 유입되는 혈액 양이 일정하게 유지되어야 한다. 그러므로 혈액이 부족한 혈허증血虛證과 혈액 속에 불순물이 차 있는 담음증痰飮證 등은 신의 불안정을 일으켜 심장박동이 빨라지는 등의 부작용—이를 경계驚悸, 정충怔忡이라고 한다—이 일어나기도 한다. 그러므로 신이 제대로 심장 속에 깃들게 하는 육체적 건강을 유지해야 신이 제대로 발휘되어 건전한 정신상태를 유지할 수 있게 된다. 또한 심장 속에 깃들어 있는 신은 피부로 '색色'으로 드러난다. "색은 신의 깃발이다"라고 표현한 『동의보감』의 구절은 색과 신의 관계를 표현한 명구이다. 피부, 특히 얼굴은 인체의 신이 색으로 드러나는 구역이므로 색을 관찰하여 인체 상태를 판단하여 적합한 피부미용법을 활용한다면 건강한 상태를 유지할 수 있다.

피부 마사지법─수의재면법

『동의보감』은 세계인의 건강지침이 실려 있는 백과사전이다. 따라서 2009년 7월 말 UNESCO에 세계기록문화유산에 등재된 것은 이 책이 세계인의 건강을 관리할 수 있는 건강지침서로서 가치가 있다는 점을 분명히 확인시킨 쾌거였다. 이 책에 실려 있는 각종 건강관련 콘텐츠를 현대인들에게 맞게 재구성하여 기반지식으로 삼아야 할 것이다.

우리는 『동의보감』에서 피부 마사지 관련 콘텐츠를 발견하게 된다. 이 책의 「외형편」 '면문面門'에 다음과 같은 기록이 있다.

> 뜨거워지게 손바닥을 비벼서 이마 위를 자주 문질러 주는 것을 수천정修天庭이라고 한다. 머리털이 난 짬까지 14번에서 21번까지 해주면 저절로 얼굴에서 광택이 생기니 이른바 수의재면手宜在面이라는 것이 이것이다.(熱摩手心頻拭額上謂之修天庭連髮際二三七遍面上自然光澤所謂手宜在面是也.)

뜨거워지게 손바닥을 비비는 행위는 뜨거운 열기를 만들어내는 데에도 의미가 있지만 인체의 변방에 속하는 팔끝까지 기운이 펴져 나가게 하여 기운의 소통을 돕는다는 의미가 크다. 뜨거워진 손바닥을 얼굴의 이마 위를 문질러준다는 것은 천정天庭, 즉 인체에서 하늘의 뜰에 속하는 양기의 집합소인 이마에 따뜻한 기운을 만들어내어 경락의 소통을 돕기 위함이다. 이마에는 독맥督脈이라는 경락이 흐른다. 독맥은 인체의 양기를 감독한다는 의미에서 '독督'이라는 말을 사용했다. 머리털이 난 가장자리인 발제髮際까지 한다는 것은 양에 해당하는 부위까지를 마사지하는 영역으로 한정한다는 뜻이다.

횟수를 14번에서 21번까지로 정한 것은 7의 배수에 맞추기 위해서

혜원 신윤복이 그린 '화장하는 여인.' 이 그림에도 손이 얼굴에 가 있다.

이다. 7은 한의학에서 소양少陽의 숫자이며 양의 기운이 자라나는 상태를 상징한다. 그래서 뜸을 뜰 때도 7장, 14장 21장 등 뜸의 장수(壯數, 한 번 뜸을 뜨기 시작하여 뜸불이 꺼질 때까지를 1장이라고 함)를 기준으로 하는 것은 소양의 숫자에 맞추어 불기운이 효력을 발휘할 수 있도록 하기 위함이다. 얼굴을 마사지 할 때도 마찬가지로 양기운을 활성화시켜 전신의 양기를 북돋기 위해 14번, 21번 하여 소양의 숫자로 한다.

"얼굴에서 광택이 생기"게 되는 것은 이러한 마사지의 결과로 나타나는 효과이다. 얼굴의 광택은 얼굴에 존재하는 경락의 기혈순환의 원활함을 표현하는 것이다. 얼굴이 꺼칠하면서 주름지고 윤기가 없는 것은 피부에 기혈이 제대로 공급되지 않는다는 것을 의미하는데, 그 원인으로 순환이 안 되는 것이 가장 크다. 위에서 말한 마사지법은 허준이 보기에 얼굴에 광택을 공급하는 가장 효과적인 피부미용법이다.

다음으로 '수의재면手宜在面'을 격언처럼 사용하고 있다. 이 말을 그대로 풀면 "손을 마땅히 얼굴에 두어야 한다"는 뜻이다. 손을 얼굴에 두어야 한다는 것은 손으로 얼굴을 항상 만져주라는 의미로써 손으로 얼굴을 만져주면 인체에 유익하다는 논리이다. 다시 말해, 손으로 얼굴을 항상 만져주는 행동과 습관이 인체에 좋다는 것이다. 우리는 손으로 항상 자기 얼굴을 만지고 길을 가다가도 거울을 보고 화장을 고치는 여자들을 보곤 한다. 이러한 행동이 그 여자의 개인적 허영심을 만족시키는 행동으로만 볼 수 없는 이유가 여기에 있다. 『동의보감』적인 맥락에서 볼 때 손으로 얼굴을 항상 만지고 화장하는 것은 그 사람의 인생을 건강하고 행복하게 해주는 행동임이 분명하기 때문이다.

반노환동과 피부미용

'반노환동返老還童'이란 말 그대로 '노인네를 돌이켜 어린 아이로 바꾼다'는 뜻이다. '노인네를 돌이켜 어린 아이로 바꾼다'는 말은 육체적으로 늙어 있는 상태를 어린아이처럼 건강한 상태로 바꾼다는 것으로 속칭 '회춘回春' 시킨다는 의미이다. 황당무계한 말로 혹세무민할 때 사용하는 말로 들릴 수도 있을 것이다. 그럼에도 이 말은 민족의학의 백과사전인 『동의보감』에 여러 곳에 걸쳐서 나온다. 정통 치료개념으로 사용되고 있는 것이다.

길을 가다가 "이 친구 10년은 젊어 보인다"라고 상대방을 치켜세우는 노인네들의 담화를 들으면서 지나친 과장이 아닌가 생각했던 경험이 있다. 차츰 나이가 들면서 내가 이런 말을 듣거나 말하게 되는 상황을 겪으면서 세월의 무상함을 느끼며 안타까워했던 경험도 있다. 왜 사람의 모습이 이렇게 순식간에 10년씩 왔다갔다 하는 것일까? 아마도 그 사람의 육체적 상태의 변화를 피부 상태로 보고 느낌으로 말하는 과정에서 벌어지는 과장법이 아닐까 한다.

반노환동을 제대로 이루어내기 위해서는 정精의 보충이 필수적이다. 이것은 몸에 정이 제대로 갈무리될 때만이 젊어질 수 있다고 보기 때문이다. '반노환동'하는 대표적인 약으로 꼽히는 경옥고瓊玉膏에 대해 『동의보감』에서는 다음과 같이 말한다.

정精을 억누르고 뇌수腦髓를 보충하며, 진기眞氣를 고르게 하여 성性을 기른다. 반노환동返老還童하며 백손百損을 보충하여 백병百病을 제거하여 만신萬神을 모두 만족시키며 오장五藏을 차서 넘치게 한다. 흰 머리를 검게 바꾸어주고, 빠진 이가 다시 나오며, 걸어가는 것이 뛰는 말처럼 빨라진다. 하루에 몇 차례 복용하면 하루종일 배고프거나 입 마르지 않는

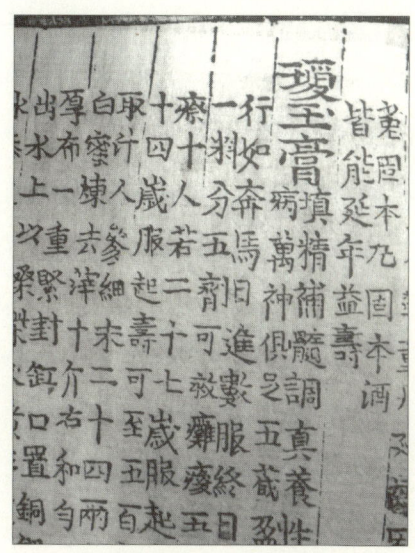

『동의보감』에서 소개한 경옥고 관련 기록

다. 이러한 효과를 다 기술할 수 없을 정도이다.

여기에서 우리는 경옥고의 주치증으로 '반노환동'을 분명히 언급하고 있음을 알 수 있다. 우리는 늙는 노쇠의 현상에 대해 경험적으로 알고 있다. 흔히 나이가 들면서 "잠이 없어진다" "웃으면 눈물이 나고 울어도 눈물이 안나온다" "대소변을 지린다" "몸에서 냄새가 난다" "기력이 쇠진해진다" "분노가 많아지고 까탈스러워진다" 등등의 속설들을 많이 듣고 여기에 공감하기도 한다. 그런데 이밖에도 "피부가 꺼칠해진다" "주름이 잡힌다" 등등 피부와 관련된 속설도 많이 있음을 발견하게 된다.

"나이는 피부로 먹는다"고 한다. 나이가 들면 피부에 윤기가 줄어들고 탄력이 없어지면서 주름이 잡히는 것은 자연적인 현상이다. 이것을 『동의보감』에서는 '혈쇠血衰', 즉 음혈陰血이 부족해서 나타나는 현상으로 본다. 음혈은 인체의 음적인 정精과 혈血을 말하며 이것이 부족하여 피부가 거칠어지고 주름지게 된다. 만약 나이 들어도 정혈이 충실하다면 피부에는 윤기가 충분히 공급되어 매끈한 상태를 유지할 수 있다.

그러므로 위의 경옥고의 주치증에서 언급한 '반노환동'이라는 표현은 피부의 측면에서 "피부의 노화를 억제하고 젊은이의 피부로 돌아오게 한다"는 현대적 의미로 해석할 수 있을 것이다.

얼굴을 아름답게 하는 향기

『동의보감』에는 얼굴을 아름답게 해주는 방법, 약물, 음식 등의 기록이 실려 있다. 이 방법들은 특별히 피부미용과 관련한 구체적 방안이라는 점에서 다양한 콘텐츠를 집약한 이 책의 특성을 또 한 번 증명한 셈이라 할 수 있다. 그 가운데 재미있는 구절을 하나 소개한다.

복용하면 배고프지 않게 하고 장수하게 되며 얼굴색이 좋아진다. 『본초』 ○ 능양자陵陽子가 『명경明經』에서, "봄에는 조하朝霞를 마시니, 해가 뜰 때 동쪽을 향하는 기운이다. 가을에는 비천飛泉을 마시니, 해가 질 때 서쪽을 향하는 기운이다. 겨울에는 항해沆瀣를 마시니, 북쪽의 자정의 기운이다. 여름에는 정양正陽을 마시니, 남쪽에 해가 가장 높이 떴을 때의 기운이다. 이것에 천현天玄과 지황地黃의 기운을 합하여 육기가 된다"고 하였다. 『본초』 ○ 사람이 위급한 난리통이나 사방이 막힌 곳에 있을 경우에 이 방법을 쓰면 거북이나 뱀이 기氣를 마시며 죽지 않는 것과 같이 된다. 옛날 어떤 사람이 구덩이에 빠졌는데 뱀이 한 마리 있었다. 뱀이 매일 이렇게 기를 마셔서 그 사람도 뱀을 따라 때때로 조절하였다. 날마다 이와 같이 하니 몸이 가벼워지는 것을 차츰 느꼈다. 경칩이 지난 후에 그 사람과 뱀이 단번에 뛰어나왔다.『본초』(服之令人不飢長年美顏色.〈本草〉○ 陵陽子·明經言春食朝霞日欲出時向東氣也秋食飛泉日欲沒時向西氣也冬食沆瀣北方夜半氣也夏食正陽南方日中氣也并天玄地黃之氣是爲六氣.〈本草〉○ 人有急難阻絶之處用之如龜蛇服氣不死昔人墮穴中其中有蛇每日如此服氣其人依蛇時節日日服之漸覺體輕啓蟄之後人與蛇一時躍出焉.〈本草〉)"(김형준, 윤석희 옮김, 『동의보감』, 동의보감출판사, 2006)

이 내용은『동의보감』「탕액편」에 나오는 '육천기六天氣', 즉 공기를 마시는 방법을 말한다. 여기에서 제일 앞에 "복용하면 배고프지 않게 하고 장수하게 되며 얼굴색이 좋아진다"고 한다. 이것은 호흡하는 방법으로도 얼굴색이 좋아질 수 있다는 것으로 폐로 들어가는 공기가 좋아야 한다는 것을 의미한다.

우리는 탁한 공기나 기분 나쁜 냄새를 맡으면 금방 얼굴을 찡그린다. 그 기운이 폐로 들어가는 것을 꺼리는 본능에서 바로 인체가 반응하는 것이다. 오장五臟 가운데 폐肺는 피부와 통한다. 그러므로 피부에 나타나는 질환은 폐로부터 기원하는 경우가 많다고 한의학에서는 진단한다.

좋은 공기가 폐로 들어가면 피부에 좋은 기운을 공급하게 된다. 여기에서 각종 좋은 향기가 피부를 아름답게 하는 기전이 만난다. 좋은 향수를 맡으면 그 사람에 대해 좋은 느낌이 남게 된다. 그리고 좋은 향기가 나는 화장품을 사용하면 그 사용하는 사람도 더 아름다워지는 것을 느낀다. 이것은 순전히 한의학적 폐-피부의 기전으로 설명할 수 있는 원리가 바탕에 깔려 있다.

『동의보감』「탕액편」에 실려 있는 '육천기'

향기요법에 관련한 기록 한가지

얼굴의 피부 색깔을 맑게 해주는 것은 화장의 목적 가운데 중요하다. 얼굴 색깔이 맑지 못하고 검게 물들게 된 것을 향기요법으로 정상을 되찾는 실례가 『동의보감』에 나온다.

『동의보감』「외형편」'면문'의 '면견오색面見五色'이라는 제목 아래 다음과 같은 글이 있다.

어떤 사람이 홀연히 검은 빛깔이 얼굴에 가득 나타났다. 손조孫兆가 진찰하여 다음과 같이 말하였다. '병은 아니다. 이것은 냄새가 훈증된 것이니, 더러운 기운이 얼굴에 모여서 흩어지지 않아서 이러한 색깔이 나타난 것이다.' 이에 그가 한달 전에 한 무리의 심한 냄새를 피할 수 없었는가고 물으니 그가 어떤 날엔가 화장실에 들어가는데 그 냄새가 지독해서 맡을 수 없었고 화장실에서 나온 다음날에 이렇게 되었다고 대답하였다. 이에 손조가 '심한 냄새를 제거하는 데에 진한 향기만 한 것이 없다. 침향沈香과 단향檀香 각 1냥을 분쇄하여 화로에서 태워서 휘장 안에 두고서 훈증시켜 뚜껑을 닫아서 향기가 흩어지지 않게 하고 그 옆에 단정하게 앉아서 눈을 감고 고요히 앉아 향기가 흩어지는 것을 기다리고 나서 휘장을 나와라 고 말하였다. 이에 그의 말대로 향기를 맡으니 얼굴의 검은 빛깔이 점차 변해져 10일 후에 정상이었을 때처럼 돌아왔다. 무릇 신腎은 썩은 냄새를 주관하고, 비脾는 향기를 주관하니, 비脾가

『동의보감』에 실려 있는 얼굴 피부에 대한 향기요법 기록

신신(腎腎)을 이길 수 있기 때문에 이와 같이 된 것이다.(一人忽黑色滿面孫兆診之日非病也此爲臭氣所熏穢氣畜於面部不散故有此色問日汝一月前聞甚一陣非常臭氣不能避耶日一日登?其厠臭不可聞良久下厠明日遂有此疾孫日去至臭無過至香可用?檀各一兩碎焚爐中安帳中以熏被盖定勿令香散可端坐香邊瞑目靜坐候香氣散方可出帳其人依言聞香黑色漸變旬日如舊盖腎臭腐脾臭香脾能剋腎故如是.)

위의 기록은 화장실에서 더러운 냄새를 흡입하여 얼굴이 검게 바뀐 어떤 환자에게 향기를 맡게 하여 치료한 예이다. 사실 피부에 각종 질환을 일으키는 독기들은 이 책의 맥락에서 본다면 '썩은 냄새(腐臭)'에 속하는 것이다. 이 부분은 향기香氣를 활용한 안면의 피부미용에 대한 기록을 담고 있는 것으로, 향수 등 향기를 발하는 화장품의 효과에 대한 역사문화적 증거 자료로 다룰 수 있다.

향기는 화장품의 중요한 부가적 작용으로서 미용에 소중한 구성 요소이다. 고려시대에 귀족 집안 아낙네들이 향을 넣은 향낭香囊을 차고 다니는 것도 이러한 향기요법의 하나라고 여겨진다. 조선시대에 들어서도 남녀 모두 향낭을 차고 다니면서 은은한 냄새를 풍기는 습속이 계속 이어졌다.

몸에서 향기 나게 하는 법

『동의보감』「잡병편雜病篇」'잡방문雜方門'에는 몸에서 향기가 나게 하는 방법인 '향신법香身法'이 소개되어 있다.

몸에서 향기가 나게 하는 방법: ○ 모향茅香의 싹과 잎을 달여서 그 물을 뜨겁게 하여 목욕하면 몸에서 향기가 나고 나쁜 냄새가 없어진다. 끓여서 물을 먹어도 좋다. 영릉향零陵香도 몸에서 향기가 나게 하는데, 달여서 그 물을 먹거나 목욕하여도 다 좋다.『본초』(茅香苗葉可煮作湯浴令人身香去惡氣煮服之亦可零陵香亦香身飮浴皆佳〈本草〉)

'모향茅香'은 『동의보감』에 따르면 성질은 따뜻하고 맛은 쓰며 독이 없다. 피를 토하는 것, 코피가 나는 것 등을 멈추게 하고 구창灸瘡과 쇠붙이에 다친 데 붙이면 피를 멈추게 하고 통증을 없앤다. 이 약물은 달여서 그 물로 목욕을 하면 사기가 피부로부터 들어오는 것을 막아주고 몸에서 향기까지 나게 해주므로 예로부터 목욕첨가제로 많이 사용되었다. 피부 보호효과와 보습효과, 향수로서의 작용 등 피부미용에 적합한 효과를 고루 갖추고 있다.

'영릉향零陵香'은 『동의보감』에 따르면 "성질은 평平하고 맛은 달며 독이 없다. 악기惡氣와 시주尸疰로 말미암은 명치 아래와 복통을 낫게 하며 몸에서 향기를 풍기게 한다"고 한다. '악기惡氣와 시주尸疰'는 전염성을 가진 사기를 말한다. 영릉향은 피부를 보호하면서 사기를 몰아내고 게다가 피부에서 향기까지 풍기게 함으로써 피부미용에 중요한 활용 가치가 있다.

모향과 영릉향이 모두 들어간 처방이 있는데, '의향衣香', 즉 옷장에 넣어두어 옷을 좋게 유지하는 제습제로 활용했다. 『동의보감』 '잡방문'에는 이를 다음과 같이 정리한다.(무게는 현재 단위로 환산했다.)

의향衣香: 모향茅香 밀초蜜炒 40그램, 백지白芷 20그램, 침속향沈束香, 백단향白檀香, 영릉향零陵香, 감송향甘松香, 팔각향八角香, 정향丁香, 삼내자三乃子 각 8그램. 위의 재료를 모두 거칠게 가루 내 용뇌龍腦 가루 8그램을 고루 섞어서 1첩으로 하여 옷장에 넣으면 가장 좋다. 여름철에 더욱 좋다.(『속방俗方』).

모향과 영릉향은 몸에 향기만 나게 하는 효과만 있는 것이 아니라 습기와 냄새를 제거하여 의복의 상태를 좋게 유지시키기도 한다. 향기가 사람의 기분을 좋게 해주는 것뿐 아니라 습기와 냄새까지 제거해주어 건강하게 하니 그야말로 일석이조이다.

『동의보감』에 나오는 '몸에서 향기가 나게 하는 방법(향신법香身法)'

향처방의 기록, '향보'

『동의보감』「잡병편」'잡방문'에는 '향보香譜'가 나온다. '향보'란 글자 그대로 '향香'의 족보 혹은 계보라는 의미이다. 향에도 그 계통이 있기에 그 계통을 제대로 파악해야 한다는 것이다. '향보'는 본래 송나라 때 홍추洪芻라는 사람이 쓴 책 제목이다. 이 책은 당시까지 중국에서 해외와 교역하면서 얻은 향에 대한 지식들을 정리한 것으로 향에 관한 한 최고의 책으로 평가된다. 향의 효과에 대해 정리하고 있을 뿐 아니라 향으로 쓰이는 약물들에 대해 일목요연하게 설명하고 있다.

그런데 송대의 『향보』의 경우는 그 내용이 의학적으로 연결되어 있다. 풍독風毒, 풍수종독風水腫毒, 풍종風腫, 풍진風疹 등에 용뇌향龍腦香, 사향麝香, 침수향沈水香, 백단향白檀香, 계설향鷄舌香, 훈릉향薰陵香, 정향丁香, 유향乳香, 백교향白膠香, 훈릉향薰陵香 등을 연결지은 것, 벽사辟邪, 벽온辟瘟, 벽악辟惡, 살귀殺鬼에 사향, 침수향, 백단향, 소합향蘇合香, 안식향安息香, 울금향鬱金香, 계설향, 훈릉향, 파율향波律香, 목향木香, 강진향降眞香, 애납향艾納香, 감송향甘松香, 영릉향, 모향화茅香花,

백모향白茅香, 필율향必栗香, 두루향兜婁香, 경향耕香, 목밀향木蜜香, 미질향迷迭香 등을 연결지은 것, 심복통心腹痛, 진심鎭心, 구토嘔吐, 곽난霍亂 등에 용뇌향, 백단향, 안식향, 울금향, 계설향, 정향丁香, 감송향, 영릉향, 모향화, 백모향, 두루향, 경향 등을 연결지은 것, 거충去蟲에 용뇌향, 백단향, 소합향, 파율향 등을 연결지은 것이 그러한 예이다.(엄지태 등「방향성 본초 분류를 통한 향기요법 연구」, 대전대학교 한의학연구소 논문집, 제20권 제1호, 2011)

『동의보감』은 '향보'라는 제목으로 10종의 향을 나열하고 있다. 문원, 신료, 소란, 청원, 금낭, 성심, 응화, 사화, 응향, 백화, 쇄경, 운영, 보전, 청진의 호칭으로 구성된 향들은 다음과 같이 도표화하고 있다.

이어서 서운향구瑞雲香毬, 부용향芙蓉香, 취선향聚仙香 등의 향이 소개되어 있다.

旁通	四和	凝香	百花	碎瓊	雲英	寶篆	淸眞
文苑	沈香75g	白檀20g	沈香1分	甘松1分	玄參75g	丁香1分	麝香1分
新料		降眞20g		白檀20g	甘松20g	白芷20g	茅香150g
笑蘭	白檀12g	沈香20g	沈香1分	降眞20g	麝香4g	腦子4g	甲香20g
淸遠		茅香20g		沈香1分	沈香1分	麝香4g	白檀20g
金囊	腦子4g	零陵20g	麝香4g	木香20g	白檀20g	藿香1分	丁香2g
醒心		藿香1分		麝香4g	腦子4g	沈香40g	沈香20g
凝和	麝香4g	丁香20g	白檀40g	甲香4g	沈香4g	甘松1分	腦子4g

『동의보감』의 '향보'

  이들 향에 대해 『동의보감』에서는 의학적 내용 설명이 전혀 나와있지 않다. 아마도 이 책이 의학 서적이라는 특성으로 볼 때 저자 허준이 독자들이 당연하게 의학적으로 활용할 것으로 판단하였을 것으로 생각해봄직하다. 그러나 더 중요한 것은 이 내용이 들어 있는 '잡방' 문이 의학적 내용뿐 아니라 일상적으로 활용될만한 유용한 지식들을 정리하고 있다는 점에서 이 내용들은 '향에 대한 일반적으로 알아야 할 내용 정리'라는 차원에서 바라보아야 할 것이다. 향의 종류와 포함하는 약물들을 정리하는 것만으로도 향에 대한 지식을 충분히 전달하는 셈이고, 이러한 지식의 정리는 향에 대한 다양한 활용으로 연결된다.

다시 말해, '향보'에서 담고 있는 내용이 단순히 '향기요법'의 방안으로만 제시하려 했다면 그 의도를 『동의보감』에서 밝혔겠지만, '향보'에서 담고 있는 내용은 향기를 이용한 미용의 방법에까지 그 끝이 닿아 있으니 폭넓은 활용면에서 그저 놀랍기만 하다.

미용 비누 – 향비조

『동의보감』「잡병편」'잡방문'에 '향비조香皂'라는 피부미용 비누를 소개하고 있다. 그 내용은 다음과 같다.(무게는 현재 단위로 환산했다.)

침향, 백단향, 정향, 영릉향, 삼내자 각각 40그램, 용뇌 12그램, 사향 4그램. ○ 위의 약들을 가루내어 조협(조각)가루 20그램과 검은 엿 80그램 혹은 120그램에 넣고 불 위에서 녹여 반죽한 다음 환을 탄환 크기만 하게 만든다. 세수할 때 이것으로 손이나 얼굴의 때와 기름을 씻는다. 민간에서는 향비로香飛露라고 한다.(沈香白檀丁香零陵香三乃子各一兩小腦三錢 麝香一錢右爲末入皂角末五兩黑糖二兩或三兩於火上熔化拌和香末作丸彈子大 凡?洗時用此?洗手面去垢?俗名香飛露.)

침향, 백단향, 정향, 영능향, 사향, 조각 등의 약물들은 모두 향기가 있는 약물들로, 이 약물을 사용하면 몸에서 향기가 나는 효과를 얻을 수 있다. 검은 엿은 약물 가루들을 하나로 녹이기 위한 용해제라고 볼

淹藏果實法 酒糟藏物不敗可淹藏果實〔本草〕

香肥皂 沆香白檀香丁香零陵香三乃子各一兩小腦三錢麝香一錢右爲末入皂角末五兩黑糖二兩或三兩於火上熔化拌和香末作丸彈子大凡盥洗時用此搓洗手面去垢膩俗名香飛露〔醫鑑〕

辟蚤虱 菖蒲葽去虫殺蚤虱〇百部根殺

『동의보감』에 실려 있는 향비조의 제조법

수 있다. 이것으로 "세수할 때 손이나 얼굴의 때와 기름을 씻는다"고 하였는데, 이 약물을 비누의 모양으로 만들어 활용했음을 보여준다.

삼내자三乃子는 속을 데워주고(溫中), 음식이 소화되게 하고(消食), 통증을 멈추게 해준다(止痛). 그래서 윗배가 차가우면서 아프거나 음식이 정체되어 소화가 안 되거나 타박상과 치아의 통증 등을 치료한다. 향기가 있는 약제들과 함께 섞여 소통시키는 작용을 일으키는 것이다.

대한제국 시기부터 해방 이후까지 비누를 의미하는 '비조肥皂'라는 말을 널리 사용한 것으로 볼 때 '향비조'는 곧 '향기나는 비누'라는 의미가 담겨 있는 셈이다. 한약재를 활용한 비누 제조법이 유네스코에 등재된 우리의 의서『동의보감』속에 꼭꼭 숨어 있었던 것이다.

7 한방화장품의 원료

피부를 즐겁게 해주는 돼지비계 효과

『후한서後漢書』「동이열전東夷列傳」에 읍루挹婁라는 나라에 대해서 "돼지 기르는 것을 좋아하여 그 고기를 먹고 그 가죽으로 옷을 해 입었다. 겨울에는 돼지로 만든 고약을 몸에 발라 몇 푼의 두께로 하여 찬 바람을 막았다(好養豕, 食其肉, 衣其皮, 冬以豕膏塗身, 厚數分, 以御風寒)"고 서술한 기록이 보인다. 읍루는 부여의 동북쪽에 위치했던 동이족이 세운 나라였다. 부여에 속했다가 나중에는 고구려에 복속되었다.

위의 글에서 돼지로 만든 고약을 몸에 발라서 피부를 보호하는 읍루의 습속을 소개하고 있다. 돼지 고약을 피부에 바르는 방법은 읍루에서는 피부를 보호하기 위해 사용했지만, 의서에서는 피부 미용을 위해서 활용하고 있다. 특히 『동의보감』「탕액편」에서는 "피부를 좋게 한다. 고약으로 만들어 손에 바르면 손이 부르트지 않는다(悅皮膚作手膏不皺裂)"고 하여 돼지 기름의 피부미용 효과를 명확히 밝히고 있다. 아마도 옛날부터 사용되었던 동이족東夷族의 피부미용 방법이 『동의보감』에 이르는 시기까지 이어져 온 것이 아닌가 생각한다.

전염병 예방에 뛰어난 목욕 처방

『세종실록』에는 1434년(세종 16년) 6월 5일에 다음과 같은 기록이 보인다.

예조에 전지하기를, "외방外方의 질역疾疫을 구료救療하는 법은『육전六典』에 실려 있으나, 그러나 수령이 구료에 마음을 쓰지 않을 뿐 아니라, 구료하는 방법을 아직 다 알지 못하여, 이 때문에 요사(札瘥)하는 사람이 많이 있으니 진실로 가엾다 할 것이다. 널리 의방醫方을 초抄하여 내려 보내서 경중京中과 외방의 집집마다 주지周知시키도록 하여, 정성을 다하여 구료하면 사망에 이르지는 아니할 것이니, 나의 긍휼矜恤하는 뜻에 맞도록 하라" 하였는데 그 방문方文에 이르기를, '성혜방聖惠方은, 시기時氣와 열독熱毒을 서로 감염하지 못하게 하는 것이다. 방문으로는 두시豆豉 1되(升), 복룡간伏龍肝【3냥을 세연細研】, 동자소변童子小便【3중잔中盞】을 서로 섞어서 달이고, 1중잔中盞 반을 취하여 찌꺼기를 버리고 세번에 나누어서 먹되, 아침마다 한 번씩 복용토록 하여 사람으로 하여금 장역瘴疫에 걸리지 않게 한다. 또 시기장역욕탕방時氣瘴疫浴湯方은, 복숭아나무 지엽(桃枝葉) 10냥, 백지白芷 3냥, 백엽柏葉 5냥을 골고루 찧고 체(篩)로 쳐내어 산散을 만들고는, 매양 3냥을 가져다가 탕湯을 끓여 목욕을 하면 극히 좋다. 또 시기장역방時氣瘴疫方은, 복숭아나무 속에 있는 벌레똥(蟲糞)을 가루로 곱게 갈아 한 돈쭝(一錢重)을 물에 타서 먹는다. 또 방문으로는 초시炒豉 1되(升), 화출和朮 1근을 술에 담가 두고 항상 마신다. 천금방치온병불상염방千金方治溫病不相染方은, 새 베로 만든 자루(新布袋)에 붉은 팥(赤小豆) 1되(升)를 담아 우물 안에 넣었다가 3일 만에 꺼내어, 온 식구가 27알(枚)씩 복용한다. 또 방문으로는 솔잎(松葉) 가루를 술에 타서 방촌시(方寸匕, 약숟가락의 일종)로 하루 세 번씩 복용한다. 또 방문으로는 새 베로 만든 자루에 콩 1되를 담아 우물 속에 넣어 한 잠을 재우고 꺼내어서 7알(枚)씩 복용한다. 또 방문으로는 한때 돌아가는 여역癘疫에는 항상 매달 보름날 동쪽으로 뻗은 복숭아나무 가지를 잘게 썰어 넣고 물을 끓여 목욕한다. 경험양방經驗良方으로 상한역려傷寒疫癘에 한 자리(同床)에 거처하여도 서로 감염되지 않는 방문은, 매일 이른 아침에 세수하고 참기름(眞香油)을 코 안에 바르고, 누울 때에도 바른다. 창졸간倉卒間이라 약이 없으면, 곧 종이 심지를 말아서 콧구멍에 넣어 재채기를 하는 것이 좋다' 고 하였다.

아마도 전염병을 예방할 방도로 각종 처방들을 국가에서 제시하고자 정비하는 모습일 것이다. 위의 글에서 사용한 '질역', '장역', '여역' 등의 용어들은 전염성 질병들을 가리킨다. 이 질병들은 코나 피부 등을 통해 감염되기 때문에 코에 약물을 바르거나 술에 타서 마시거나 약물로 목욕하는 방법 등으로 예방했다.

위의 문장에서 목욕 처방 하나가 발견된다. 즉 "시기장역욕탕방時氣瘴疫浴湯方은, 복숭아나무 지엽(桃枝葉) 10냥, 백지白芷 3냥, 백엽柏葉 5냥을 골고루 찧고 체(篩)로 쳐내어 산散을 만들고는, 매양 3냥을 가져다가 탕湯을 끓여 목욕을 하면 극히 좋다"는 것으로, 약물을 끓여서 목욕함으로써 전염병에 감염되지 않게 하는 방안이다. 복숭아나무 가지와 잎사귀, 백지, 백엽 모두 피부 관리를 위해 사용하는 약물들이다. 이러한 약물을 물에 넣어 목욕을 하면 전염병 예방에 뛰어난 효과가 있다는 것이다.

이 치료 방안을 국가에서 정립하여 백성들에게 반포한 이후 널리 활용되었을 것이다. 특히 목욕요법은 그 특성을 감안할 때 여염집 여자들이 이 방법을 피부관리의 한 가지 방안으로 활용했을 것임이 분명하다. 모든 전염병은 피부 질환을 동반한다. 얼굴에 열이 나면서 부어 오르고 온몸이 붉게 부어오르고 발진이 일어나는 전염병의 증상을 생각할 때 피부로 드러나는 증상을 미리 방지하기 위해서 목욕요법을 활용한 것이다.

그런 의미에서 이 목욕요법은 조선 초기 세종대왕 시기에 정립된 피부관리 방안임을 판단할 수 있다.

얼굴 피부에 사용하는 외용 단방들

『동의보감』에는 단방單方—즉 하나의 약물로 치료하는 처방—들이 각 문門마다 있다. 단방은 당시 가난한 백성들이 손쉽게 약물을 구해서 사용하도록 하는 배려의 차원도 있지만, 다른 측면에서 한 가지 약물로 양을 많이 사용해서 집중적 치료효과를 거두기 위한 목적과도 관련이 있다.

『동의보감』「잡병편」'용약문用藥門'의 '약귀간요藥貴簡要'라는 제목의 글에서는 여러 가지 약물을 사용하여 병을 치료하지 못하는 것보다는 약물을 간결하게 사용하여 질병을 제대로 치료하라고 주장한다. 단방 치료의 당위성이 바로 여기에 담겨 있다.

『동의보감』「외형편」'면문'에는 얼굴 치료에 사용하는 단방들이 수록되어 있다. 이 단방들 하나하나는 한방화장품에 활용할 수 있는 기초적 콘텐츠가 될 수 있다.

이제부터 하나씩 정리해보기로 한다.

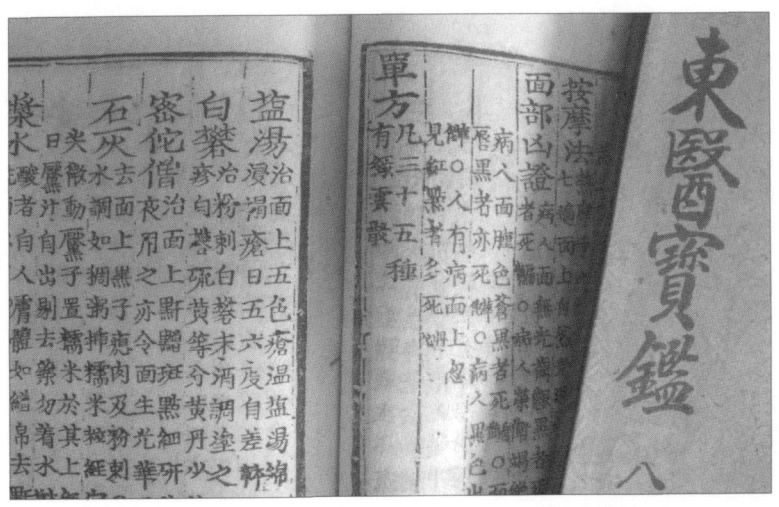

『동의보감』「외형편」'면문'의 단방요법

- 소금물(鹽湯): 얼굴에 나타나는 각종 색깔의 부스럼을 치료한다. 따뜻한 소금물에 헝겊을 담가 부스럼 위에 하루에 5~6번 대어준다.
- 백반白礬: 분독을 치료한다. 백반 가루를 술에 섞어서 피부에 발라준다.
- 밀타승密佗僧: 얼굴에 나타난 기미를 없애준다. 가루 내어 사람젖과 섞어서 밤마다 발라준다.
- 석회石灰: 얼굴에 나타나는 사마귀와 분독을 치료한다.
- 좁쌀죽물(漿水: 좁쌀로 만든 죽에 위에 뜬 맑은 물)이 시큼하게 변질되면 얼굴에 발라준다.
- 백부자白附子: 얼굴에 생긴 기미와 흠집을 없앤다. 면지(面脂, 크림) 혹은 비누의 양으로 만들어 사용한다.
- 백복령白茯苓: 산모 얼굴에 생긴 검은색 여드름과 기미를 치료한다.

한방화장품의 원료   251

- 뽕나무 숯: 사마귀를 없애준다. 여회藜灰를 즙을 내어 같이 볶아 떨어뜨려준다.
- 진주眞珠: 기미와 반점을 치료하여 얼굴에 윤기를 공급하여 좋은색을 유지한다. 가루 내어 젖과 섞어서 발라준다.
- 밤껍질栗皮: 가루 내어 꿀과 섞어서 얼굴에 바르면 얼굴의 주름을 없애준다.
- 행인杏仁: 가루 내어 달걀 흰자와 섞어서 밤에 잠들기 전 얼굴에 바르고 다음날 아침에 따끈한 술로 닦아준다.
- 만청자蔓菁子: 면지에 섞어서 바르면 얼굴의 주름을 없애준다.
- 파 밑둥의 하얀 부분(葱白): 부어오른 얼굴을 가라앉힌다.

얼굴을 아름답게 하는 단방들

얼마전 UNESCO에서는 2013년을 『동의보감』의 해로 전격적으로 선포했다. 국가적 경사일뿐 아니라 국제적으로 한국 한의학의 위상을 드높이는 쾌거였다. 이제 이 책은 국제적인 위상을 갖게 됨에 따라 한국 한의학이 세계적 표준을 마련할 수 있는 전통의학으로 떠오르게 된 셈이다.

이처럼 소중한 『동의보감』에 수록되어 있는 피부미용 관련 단방單方들은 다음과 같다.

- 백지: 주근깨와 어루러기를 제거하고 얼굴의 빛깔을 윤기가 흐르고 촉촉하게 해준다. 크림으로 만들어 항상 사용하라.([白芷]去黚皯瘢潤澤顔色可作面脂常用〈本草〉)
- 고본: 기미, 여드름, 딸기코, 분독 등을 제거하여 얼굴의 빛깔을 윤택하게 해준다. 물약(沐藥, 샴푸)이나 면지로 만들어 쓸 수 있다.([藁本]去黚皰酒齇粉刺潤澤顔色可作沐藥面脂〈本草〉)

- 진주: 주근깨와 반점을 제거하여 얼굴을 윤택하게 해주고 얼굴의 빛깔을 좋아지게 한다. 가루가 되게 갈아서 젖과 섞어서 항상 발라준다.([眞珠]除鼾黶斑點令面潤澤好顔色硏爲粉和乳汁常塗之〈本草〉)

- 복분자: 얼굴의 빛깔을 좋게 해준다. 오래 먹으면 좋다. 쑥과 등나무 덩굴과 효과가 같다.([覆盆子]令人好顔色久食之佳蓬?同功〈本草〉)

- 도화: 얼굴의 빛깔을 좋게 하고 얼굴에 윤기가 흐르게 해준다. 술로 적셔서 마시면 된다. 얼굴 위에 부스럼이 나와서 누런 물이 나오면 도화를 가루 내어 물에 타서 1전(3.75그램)씩 하루에 세 번 복용한다.([桃花]好顔色悅澤人面可酒漬飮之. ○ 面上瘡出黃水桃花爲末水服一錢日三〈本草〉)

- 동과인: 얼굴에 광택이 흐르고 빛깔을 좋게 해주고 검은 반점과 검은 주근깨를 없앤다. 면지(크림)으로 만들어 항상 사용한다. 씨를 3~5승 정도 마련하여 껍질을 제거하고 빻아서 가루 내어 꿀로 환을 만들어 빈속에 30환씩 먹는다. 오랫동안 복용하면 얼굴이 옥처럼 하얗게 된다.([冬瓜仁]令面光澤好顔色去黑癜黑鼾可作面脂常用. ○ 取仁三五升去皮擣爲末蜜丸空心服三十丸久服令人白淨如玉〈本草〉)

- 출: 출을 마련하여 환과 가루로 만들어 오랫동안 복용하면 식량 대용으로 사용할 수 있다. 한 사람이 피난을 가서 산속에서 배고프고 피곤하여 죽을 것 같았다.어떤 사람이 출을 복용하라고 가르쳐주어 마침내 배고프지 않게 되었고 10년 후 고향으로 돌아왔을 때 얼굴 색깔이 10년 전과 같았다고 한다.([朮]取朮作丸散久久服餌可以代糧. ○ 一人避亂山中飢困欲死有人教以服朮遂不飢數十年還鄕里顔色如故〈本草〉)

출을 비롯해 다양한 피부미용 관련 기록이 실려 있는 『동의보감』의 잡방문

장미 이슬로 손을 씻은 김시국

김시국(金蓍國, 1577~1655)은 조선 후기의 문신으로 1613년(광해군 5년) 증광문과에 병과로 급제해 이듬해 홍문관에 들어갔으며, 1615년에는 주서注書에 올랐던 인물이다. 그는 「동명사상록에 씀題東溟槎上錄」이라는 제목의 시를 김세렴(金世濂, 1593~1646)이 『동명사상록東溟槎上錄』을 지어 간행할 때 축시의 형태로 써서 주었다. 김세렴은 광해군 때 인목대비의 폐모에 반대했다가 곽산에 유배된 뒤 인종반정 이후 복권되어 관직을 두루 섭렵하다가 1636년에 통신 부사로 일본에 다녀와서 1639년에 『동명사상록』을 지었다. 이 책은 사행일지로 일본의 지형, 풍속, 왕래한 인물과 대화 내용, 각지의 지응支應, 상사上使의 고시告示, 예물 수수, 대마도국의 요청과 그에 대한 조치, 지방의 역사 등이 기술되어 있다.

김시국이 김세렴에게 써준 「동명사상록에 씀」이라는 제목의 시는 다음과 같다.

장미화 이슬 받아 손을 씻고서(晴窓手盥薔薇露)
동명의 사상시를 내리읽었네(讀盡東溟槎上詩)
보슬에 봉황주를 높이 벌였고(寶瑟高張鳳凰柱)
옥소반에 산호 가질 두루 꽂았네(玉盤遍揷珊瑚枝)
학천의 운물을 염낭 속에 거둬 넣고(鶴天雲物收囊底)
경해의 연파를 연지에 쏟았구려(鯨海煙波瀉硯池)
장유가 없었다면 이를 어찌 얻었으랴(不有壯遊那得此)
그대의 여운 빌려 흰 수염을 다듬노라(丐君餘韻撚霜髭)

　김시국은 이어서 "권중卷中의 여러 편이 쟁쟁 소리가 나서 마치 주옥이 금소반에 구르는 듯한 느낌이 있으니, 옛사람도 일찍이 이런 것이 있지 않았다. 감히 근체시近體詩 한 수를 지어 삼탄三歎의 뜻을 표하는 바다"라고 이 책에 수록된 내용들을 찬양했다.
　그런데 이 시 첫 구절에 나오는 '장미로薔薇露'라는 말이 눈에 띈다. 이 시의 번역에서는 '장미화 이슬'이라고 하여 '장미꽃 위에 서린 이슬'이라는 의미로 해석하고 있다. 그렇다면 "장미꽃 위에 서린 이슬을 받아서 손을 씻었다"는 뜻이 되는데, 이는 좀 납득이 가지 않는 해석이다. 장미꽃 위에 이슬이 맺힌다 해도 그 이슬을 모아서 과연 손을 씻을 정도의 양이 나올 수 있는가 하는 점이다.
　역사 기록상 '장미로薔薇露'는 페르시아 만 동쪽 연안의 고지시라즈에서 장미꽃을 증류하여 이것을 의료용, 화장용으로 사용했다고 한다. 장미꽃을 증류한 액체에서 나는 꽃향기와 그 물을 피부에 바른 효과 때

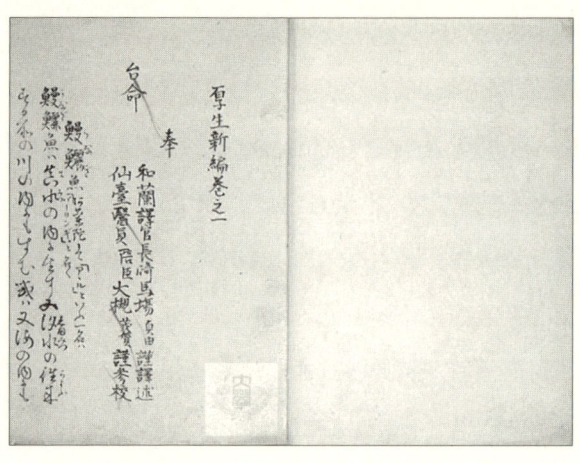
일본 에도시대의 네델란드 백과사전인『코세이신펜』(1768년). '장미로'에 관한 기록이 실려 있다.

문에 서양 상인들이 중국과 일본 등에 가지고 와서 판매했다고 한다. 일본에서 에도시대에 번역된 네델란드 백과사전인『코세이신펜厚生新編』(1768년)에는 장미로薔薇露의 제조법, 효능 등에 대해 기록하고 있다. 그에 따르면, 맑은 날 아침이슬이 맺혀 있을 때 장미 꽃잎만을 따서 말린 후 쪄서 가마에 넣고, 별도로 장미꽃을 짜서 이슬을 채취한 것을 섞고 꽃잎이 잘 젖게 하여 뚜껑을 꼭 닫은 후 한두 밤 잠기게 한 다음 이를 증류하는 것이다. 그 효능은 위를 강건하게 하여 정신을 활발하게 한다. 또한 담백색과 백색 장미꽃의 이슬물은 몸을 깨끗이 하고 상쾌하게 한다고 한다(하루야마 유키오 지음, 임희선 옮김, 『화장의 역사』, 사람과 책, 2004).

이러한 정황에서, 김시국이 손을 씻을 때 사용한 장미로는 장미에서 추출한 화장액, 즉 장미꽃을 증류해서 만든 화장액을 말하는 것으로 조선에서는 이미 그 제조법을 알고 있었다는 사실을 보여준다. 김시국 같은 고관의 위치에 있는 인물이 이 장미로를 사용했다는 것은 이미 조선 사회에서 널리 사용되었다는 점을 반증하는 것이리라.

수세미의 피부미용 효과

어린 시절, 길을 가다가 담벼락을 따라 붙어 열려 있는 수세미를 본 기억이 있다. 그 덩굴의 열매를 쪼개서 설거지 용으로 사용한 탓에 '수세미'라는 단어는 설거지할 때 쓰이는 용품의 대명사가 되었다.

이 수세미를 피부약으로도 사용한다는 사실을 아는 이가 드물다. 설거지 용품이라는 선입견으로 이 약의 진가를 제대로 알 수 없게 된 것이다.

『산림경제山林經齊』제3권 '치약治藥'에 '사과絲瓜', 즉 '수세미'에 대해 다음과 같이 정리하고 있다.

천라天羅 또는 천락사天絡絲 라고도 한다. 무릇 채소를 심을 때에 울타리 가에 심어서 덩굴을 이끌어 울타리에 올린다(『속방』). 악창惡瘡 및 소아小兒의 두진頭疹과 아울러 유저(乳疽, 젖에 생긴 종기) 정창疔瘡을 치료하는데 사용한다. 서리가 내린 뒤에 늙은 사과絲瓜를 껍질·뿌리·씨가 달린 완전한 것을 따서 소존성燒存性하여 가루로 만든 다음 밀탕蜜湯에

2~3전을 타먹으면 종기가 사라지고 독기가 흩어져서 내공內攻을 받지 않는다(『의학입문』). 연한 것을 삶아서 생강과 초에 조미하여 먹는다. 그리고 마른 것은 껍질과 씨를 제거하고 속을 수세미로 사용한다(『식범지』).

『산림경제』는 조선 숙종 때 실학자 홍만선이 엮은 농업서적으로, 가정생활서로서의 성격도 강하다. 이 책은 복거(卜居: 주택의 선정과 건축), 섭생(攝生: 건강), 치농(治農: 곡식, 목화, 기타 특용작물의 경작법), 치포(治圃: 채소류와 화초류, 담배, 약초류의 재배법), 종수(種樹: 과수와 임목의 육성), 양화(養花: 화초, 화목, 정원수를 가꿈), 양잠養蠶, 목양(牧養: 가축, 가금, 벌, 물고기의 양식), 치선(治膳: 식품저장, 조리, 가공법), 구급(救急: 150가지의 응급조치법), 구황(救荒: 흉년에 대비하는 비상조치법), 벽온(辟瘟: 전염병을 물리치는 법), 벽충법(辟蟲法: 해충, 쥐, 뱀을 물리치는 법), 치약(治藥: 약의 조제, 복약 금기), 선택(選擇: 길흉일과 방향을 선택), 잡방(雜方: 그림과 글씨 등과 촉대, 도자기, 악기, 장검 등을 손질하는 방법) 등 16항으로 구성되어 있다. 이 가운데 의학과 관련한 내용은 구급救急, 구황救荒, 벽온辟瘟, 치약治藥 등에 집중적으로 나온다.

특히 처방을 선별하는 데에, 구하기 어려운 비싼 약재를 중심으로 하지 않고 실용성이 뛰어나면서 활용범위가 넓은 향약鄕藥을 중심으로 소개하고 있다는 면에서 실학자로서의 홍만선의 풍모를 엿볼 수 있다.

위의 인용문에 나오는 악창惡瘡, 두진頭疹, 유저乳疽, 정창疔瘡 등은 피부에 나타나는 각종 질환들이다. 악창은 예후가 불량한 부스럼을 말

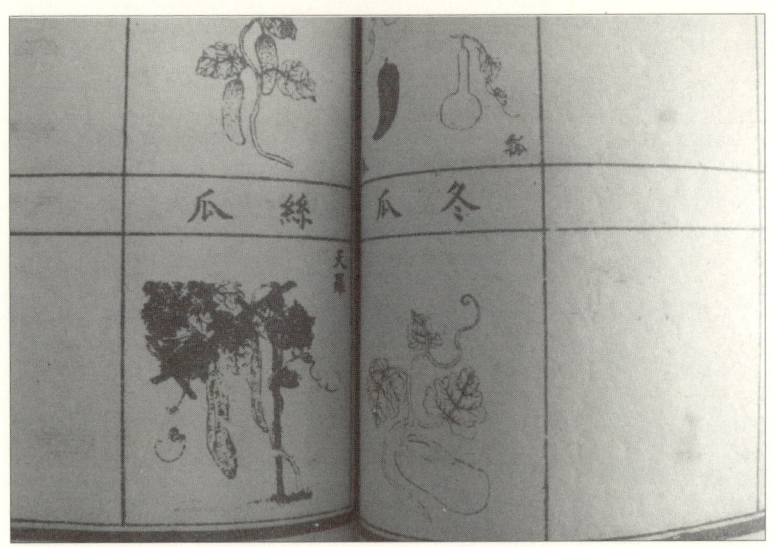

『본초강목』에 실려 있는 수세미(絲瓜) 그림

하며, 두진은 머리 부분에 나타나는 어루러기, 유저는 유방에 나타나는 멍울, 정창은 못머리 모양의 부스럼을 말한다. 소존성이란 약물의 성질이 망가지지 않을 정도로 볶는 가공법이다.

이시진李時珍의 『본초강목本草綱目』에서는 얼굴의 부스럼에 수세미를 발라주라고 말하고 있으며, 『본초강목습유本草綱目拾遺』에서는 수세미의 성性이 냉冷하여 해독解毒에 뛰어나다고 했고, 『본초종신本草從新』에서는 수세미의 덩굴 모양이 사람의 경맥經脈과 유사하므로 이 약은 "경락을 소통시키고 핏줄을 운행시킨다(通經絡, 行血脈)"고 했다.

수세미에 관한 이러한 내용들은 이 약물이 피부에 미치는 효과를 기술한 것으로, 곧 피부미용의 효능을 가리킨다.

조두의 한의학적 활용

조두澡豆는 비누 형식으로 사용한 생활용품이다. 가루 형태로 만들기도 하고 덩어리 형태로 만들어 녹여서 사용하기도 했다. 이 조두는 피부를 깨끗하게 씻어주는 데에 필수불가결한 용품으로 피부미용에서 중요한 도구로 사용되었다.

한국인의 건강담론에서 중요한 위치를 차지하는『동의보감』에서 조두에 대한 기록을 많이 찾아볼 수 있다. 이는 우리 선조들이 조두를 피부미용을 위한 도구뿐 아니라 의학적으로도 활용할 방도를 찾았다는 증거가 된다.

『동의보감』에서 조두를 활용한 예를 알아본다. 이 책에는 모두 세 군데 나온다.

〔익모초益母草〕 얼굴에 쓰는 약에 집어넣어서 얼굴을 광택이 흐르게 해준다. 5월 5일에 뿌리와 잎사귀를 채취하여 햇빛에 빨리 말려 빻아서 가루 내어 물에 섞어 달걀만 한 덩어리를 만들어 불에 태워 오랜 뒤 복날에

취하여 도자기 그릇에서 다시 가루 내어 체로 걸러서 조두를 만든다. 여드름 등의 피부병, 분자粉刺 등을 제거하여 얼굴에 윤기가 흐르게 한다.

〔백부자白附子〕 얼굴에 나타나는 온갖 질병들을 주치한다. 주근깨, 어루러기 등을 제거하는데, 면지(크림)을 집어넣어 조두로 만들어 사용해도 된다. (이상 「외형편」 '면문')

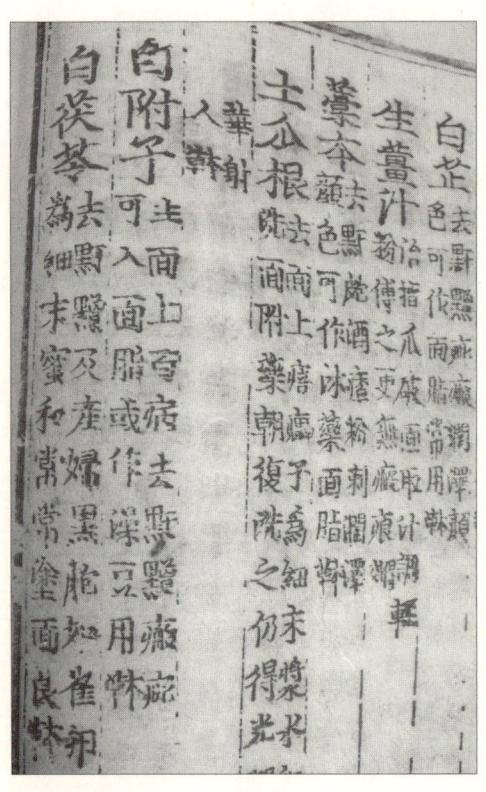

조두에 관한 기록이 실려 있는 『동의보감』 「외형편」 '면문'의 백부자

〔백용환白龍丸〕 딸기코나 얼굴 가득 자흑색紫黑色으로 변한 것을 치료한다. 천궁川芎, 고본藁本, 세신細辛, 백지白芷, 감초甘草 등을 같은 양으로 4냥 정도의 무게로 가루 내어 불에 달군 석고石膏 가루 한 근을 물에 버무려 탄알 크기만 하게 환丸으로 만들어 이 약으로 조두를 사용하는 방법에 따라 닦아준다.(「외형편」비문鼻門)

위의 내용들은 얼굴과 코에 나타난 피부질환에 조두를 사용하는 방안을 제시한 것이다. 조두는 현대의 비누에 해당하며, 평소 피부를 씻는 데 쓰이던 생활용품으로 민간에서 자체적으로 생산해 사용했다.
우리는 『동의보감』에서 피부에 대한 조두의 활용법을 통해 과거 전통시대에 피부미용에 대한 한의학적 접근방법의 일단을 엿볼 수 있다.

우리나라 고유의 천연화장품, '미안수'

앞선 글에서 『동의보감』의 피부미용 크림인 면지面脂가 활용되는 부분을 살펴보았다. 현대의 화장품 개념이 스킨로션, 밀크로션, 크림 등 다양한 형태로 구현되는 것과 마찬가지로, 전통적인 형태의 화장료로 대표적인 것은 면지面脂와 더불어 미안수美顔水를 들 수 있다. 특히 미안수를 통해 우수했던 조선시대의 화장품 제조 기술을 엿볼 수 있을 뿐만 아니라, 선조들이 이상적으로 생각한 피부에 대해서도 이해할 수 있을 것이다.

미안수란 피부를 희고 부드럽게 하는 동시에 화장을 잘 받게 하기 위해서 사용하는 액체 상태의 화장품이다. 또한 윤안潤顔이라는 별칭을 통해서 알 수 있듯이 윤기를 흐르게 하는 용도가 강조되었음을 알 수 있다. 우리나라 사람들이 언제부터 미안수를 제조하여 사용했는지 확실하지는 않지만 청결 관념, 영육일치사상, 깨끗한 얼굴과 흰 피부에 대한 동경 등이 복합적으로 반영된 화장품임에는 분명하다.

미안수는 다양한 식물, 즉 주위에서 쉽게 구할 수 있는 수세미, 박,

오이, 당귀, 복숭아잎, 유자 등의 식물을 이용하여 집에서 여성들이 직접 만들었다고 전해진다. 이처럼 『동의보감』에 실려 있는 다양한 본초들은 식품뿐만 아니라 화장품의 재료로서 또한 약재로서 뛰어난 가치를 지닌다.

『동의보감』에서 이와 관련한 효능들을 정리해보면 다음과 같다.(무게는 현재 단위로 환산했다.)

「탕액편湯液編」 채부菜部

- 사과(絲瓜, 수세미) ① 성질이 차며 독을 풀어준다. 모든 악창과 어린이의 마마, 유저, 정창, 각옹을 치료한다. ② 서리가 내린 뒤에 늙은 수세미 오이를 껍질, 뿌리, 씨까지 온전한 것으로 약성이 남게 태워서 가루 내어 4~12그램을 꿀물에 타먹으면 헌데가 삭으면서 독이 헤쳐져 속으로 들어가지 못한다.(『입문』)
- 호과(胡瓜, 오이) ① 성질이 차고 맛이 달며 독이 없다. 많이 먹으면 한기와 열기가 동하고 학질이 생긴다.

「탕액편」 초부草部

- 당귀(當歸, 승검초뿌리) ① 성질은 따뜻하며 맛이 달고 매우며 독이 없다. 모든 풍병風病, 혈병血病, 허로虛老를 낫게 하며, 궂은 피를 해치고 새 피를 생겨나게 한다. 징벽癥癖과 부인의 붕루崩漏와 임신 못하는 것에 주로 쓰며, 여러 가지 나쁜 창양瘡瘍과 쇠붙이에 다쳐서 어혈이 속에 뭉친 것을 낫게 한다. 이질로 배가 아픈 것을 멎게 하며 온학瘟瘧을 낫게 하고,

오장을 보하며 살이 살아나게 한다.(『본초』)

「탕액편」 과부果部
- 유자柚子 ① 유자의 껍질은 두텁고 맛이 달며 독이 없다. 위속의 나쁜 기를 없애고 술독을 풀며, 술을 마시는 사람의 입에서 나는 냄새를 없앤다.

「외형편外形編」 면문面門
- 도화(桃花, 복숭아꽃) ① 얼굴이 고와지게 하고 윤택하게 한다. 술에 담가 두고 그 술을 마시는 것이 좋다. ② 얼굴에 생긴 헌데에서 누런 진물이 나오는 데는 복숭아꽃 가루를 내어 쓰는데 한 번에 4그램씩 하루 세 번 물에 타서 먹는 것이 좋다.(『본초』)
- 동과인(冬瓜仁, 동아씨) ① 얼굴이 윤택해지며 안색이 좋아진다. 마마 자국과 주근깨를 없어지게 한다. 면지처럼 만들어 늘 바르면 좋다. 동아씨 3~5되를 껍질을 버리고 가루를 내서 꿀에 반죽하여 알약을 만들어 한 번에 30알씩 빈속에 먹는다. 오랫동안 먹으면 얼굴이 옥같이 깨끗해지고 고와진다.(『본초』)

현대적인 관점에서 보았을 때 현대의 화장수(스킨로션이나 밀크로션)와 미안수의 개념이 정확하게 일치하지는 않는다. 오히려 미안수美顔水는 피부를 희고 부드럽고 윤기 있게 함과 동시에 뒤이은 화장이 잘되게 하는 추가적인 기능이 있었다. 또 미안수 하나만으로 화장을 끝내기도 했다.

이와 같이 미안수는 현재의 스킨케어 화장수보다 광범위하고 특수한 기능을 가진 신유형 화장품으로서 응용가치가 우수하다고 할 수 있다. 이에 따라 미완수를 활용하여 새로운 화장품 원료와 상품 개발을 제안한다.

피부미용에 활용된 동백꽃

동백冬柏이라는 이름은 본래 산다화山茶花의 속명俗名이다. 세속에서 산다화山茶花라고 하지 않고 동백이라고 불러 대체로 '동백'이라는 이름으로 더 많이 기억하고 있다. 동백은 학명이 Camellia japonica로, 우리나라의 중부 이남에 주로 분포하는데 울릉도와 대청도에서도 발견된다.

민간에서는 동백을 기름 내어서 머리에 윤기를 공급하는 머리 기름용으로 활용하기도 했다. 그런데 한 가지 이채로운 점이 있다. 이 약물을 중국에서 간행한 각종 본초서적에는 단지 비중출혈鼻中出血, 즉 코피가 나는 증상, 적리赤痢, 즉 피가 섞인 이질의 증상, 토혈吐血, 즉 피를 토하는 증상, 장풍하혈腸風下血, 즉 대변볼 때 출혈이 있는 증상 등을 치료하는 약으로 여기고 내복약內服藥으로 활용했을 뿐이다.

그런데 『동의보감』에서 '청폐음자淸肺飮子'라는 약에서 이 약을 활용하고 있음을 발견할 수 있다. 비사鼻齄, 즉 코주부의 증상에 이 처방을 활용하고 있는 것이다. '비사'는 콧대가 붉게 달아오르는 증상으로 심한 경우 자흑색紫黑色으로까지 변색된다. 술을 좋아하는 술꾼들에게 많이 생기며 혈액의 열기가 폐로 들어가서 생겨난다고 설명한다. 그 기전에 대해 『동의보감』에서는 다음과 같이 설명한다.

폐肺라는 것은 그 자리가 높이 있고 그 자체가 연약하고, 그 성격이 찬 것을 싫어하고 또한 뜨거운 것도 싫어한다. 그러하므로 뜨거운 술을 마시기 좋아하는 사람은 처음에는 폐장肺臟이 손상되고 뭉친 열이 오래되

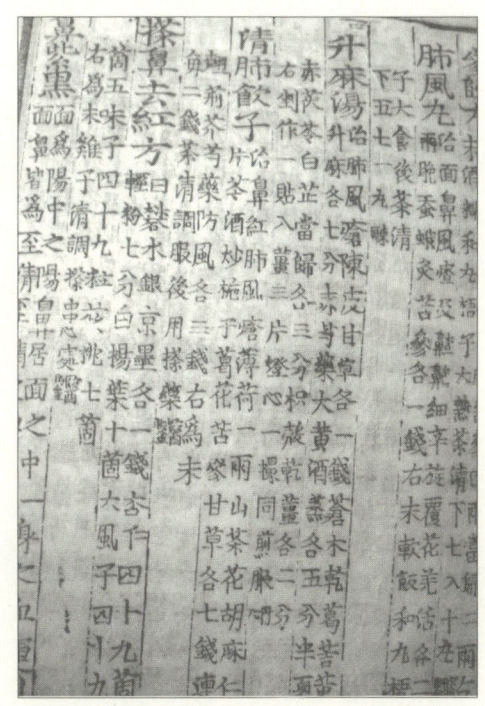

『동의보감』의 처방 청폐음자. 중간에 동백인 산다화가 포함되어 있다.

면 밖으로 드러나서 비사鼻齄가 된다.

즉, 술꾼들이 마신 술기운의 열기로 폐가 손상되어 콧대가 붉게 달아오른다는 것이다. 이러한 사실을 연장해서 피부와 연결짓는다면, 피부가 폐와 상관관계가 있다는 점을 상기할 때, 피부가 붉게 달아오르는 질환에도 비슷한 병리기전을 적용할 수 있다. 이러한 이유에서 청폐음자의 주치主治를 '비홍폐풍창鼻紅肺風瘡'이라고 한 점에 유의하여 피부미용에 활용할 수 있을 것이라고 본다. 여기에서 '폐풍창肺風瘡'은 콧대가 붉어지는 증상을 말한다.

『동의보감』에서는 청폐음자를 다음과 같이 설명한다.

> 비홍폐풍창鼻紅肺風瘡을 치료한다. 박하薄荷 1냥, 산다화(山茶花, 즉 동백꽃), 호마인胡麻仁, 편금片芩, 주사酒炒, 치자梔子, 갈화葛花, 고삼苦蔘, 감초甘草 각 7전七錢, 연교連翹, 형개荊芥, 작약芍藥, 방풍防風 각 3전, 이것들을 가루 내어 2전씩 맑은 차에 섞어서 복용한 다음 피부에 발라준다.

이렇듯『동의보감』에서는 동백꽃의 피부미용 활용에서 새로운 방안을 제시한다.

한의사 이병택의 「미용치험례」

이병택李秉澤은 경희대 한의대를 1972년 졸업하여 한의사로 활동했다. 그는 1984년 월간 『의림醫林』 160호에 「미용치험례美容治驗例」라는 제목의 글을 발표했는데, 이 글은 피부미용에 대한 한의사의 초기 연구에 속한다. 이병택은 1984년 당시 서울 종로구의 만춘당한의원 원장이었다.

이병택은 한의학적 피부미용을 다음과 같이 정의한다.

인간人間은 누구나 얼굴이 곱고 깨끗하며 아름답게 하려고 노력努力한다. 더욱이 여성女性들에 있어서는 미모美貌는 생명生命이라고 부르고 있다. 한방의학에서는 안면顔面은 오장五臟과 육부六腑의 거울이라고 하며 오장五臟과 육부六腑에 어떤 질병疾病이 발생發生되면 안색顔色도 장부臟腑의 발현부위發現部位에 따라서 변화變化가 있는 것으로 진법診法의 하나인 망진望診, 즉 관형찰색觀形察色으로서 하장부何臟腑의 병病인가를 알 수가 있다. 이와 같이 내적內的인 질환疾患으로서 얼굴색이 좋지 않을 때에는 그 본래本來의 병병病을 치료治療함과 동시同時에 안면상顔面上에 나타난 반점斑點이나 안색顔色의 이상異常을 소실消失할 수가 있으나 이러한 내장기內臟器에는 이렇다 할 병병病은 없으되 얼굴에 기미가 많이 끼거나 죽은 깨가 많으며 혹은 벌거면서 툭툭 튀어나온 것이 심한 것은 마치 종양腫瘍인양 노랗게 곪는 것이 있어 이것을 자꾸만 짜서 손독이 들어가 나중에는 곰보를 만드는 예도 있다.

이러한 여드름에 대해 이병택은 피가 뜨거워져서 피부에 지방분비선이 지나쳐 일어나는 것으로 주로 20대 전후의 젊은 남녀에게 많이 발생한다며 때로는 중년증에서도 볼 수 있다고 했다. 한편, 임상에서는 여성에게 월경부조, 변비 등의 증상이 있고, 중년 이상의 여성들에게는 자궁염증, 월경부조, 산후부조리, 신경성 소화기계 순으로 분류할 수 있으며, 남성에게는 청년기에는 특별한 병적인 부분이 적으며 중년층에서는 신경성과 음주와 과로 등에서 오는 간경계통과 소화기계통을 들었고 노인층에서는 갱년기 장애로 노쇠현상에서 나타나는 이른바 금버섯이라는 반점을 흔히 볼 수 있다고 했다.

    그가 제시한 치료 약물은 백강잠白殭蠶, 백렴白蘞, 백급白芨, 백지白芷, 백부자白附子 등이다.

① 백강잠: 面上黑䵟, 一切金瘡(얼굴에 생기는 기미와 일체 금속으로 인한 부스럼)

② 백렴: 面上疱瘡, 凍耳, 金瘡, 撲損, 刀箭, 湯火灼傷(얼굴에 생기는 여

『의림』160호에 실려 있는 이병택의 「미용치험례」

드름, 귀의 동상, 금속 부스럼, 손상, 칼과 화살로 인상 상처, 뜨거운 물과 불에 데인 것)

③ 백급白?: 生肌, 療面上??(새살을 돋아나게 함, 얼굴에 나타난 기미와 여드름)

④ 백지白芷: 排膿, 止痛, 潤顔色, 長肌膚, 皮膚風, 面?疵瘢, 熱毒(고름을 배출시키고 통증을 멈추게 하며 안색에 윤기가 흐르게 하고 피부를 자라나게 한다. 피부에 나타나는 열성 부스럼, 얼굴의 기미와 얼룩, 열로 인한 독기를 없앤다)

⑤ 백부자白附子: 療面痕, ??, 瘢疵, 面部百病(얼굴의 상처, 기미, 얼룩 등 얼굴에 나타나는 각종 질병을 치료한다)

이 약물들을 사용하는 방법은 다음과 같다. 지방질 음식과 탁한 식사는 금하고 가급적 채식을 하면서 아침에 세면을 할 때 먼저 비누로 씻고 맑은 물로 씻은 뒤 이 다섯 약물, 즉 오백산五白散을 차 숟가락으로 한 숟가락 정도 손바닥에 물과 혼합하여 죽으로 만든 다음 얼굴에 문지른다. 약 1분쯤 있다가 깨끗한 물로 얼굴을 닦아낸 다음 아무것도 바르지 않고 그대로 둘 것이며 정 바르고 싶으면 피부에 별로 자극제가 없는 순한 화장품을 사용한다.

이병택은 이 약을 고등학교 2학년 학생과 23세의 처녀에게 사용해 눈에 띄게 효과가 나타났다고 보고했다.

에필로그

　지금까지 필자는 한방화장품의 역사를 문화사의 입장에서 정리했다. 단편적이기는 하지만, 피부미용에 대한 한국적 담론의 일부를 정리했다. 지난 수년간 진행된 연구는 한방화장품의 정의와 기준, 한국의 역사를 기록한 사료에서 한방화장품 위치의 재해석, 한국적 피부미용의 정의, 한의학과 피부미용의 접목, 한국의 의서와 역사 속에 드러난 한방화장품 관련 콘텐츠의 수집과 분석, 『동의보감』 속에 보이는 피부미용 자료의 발굴, 각종 역사 자료 속에 보이는 한방화장품의 원료에 대한 검토 등이 이루어진 과정이었다. 아마 학자로서의 생애에서 가장 재미있고 흥미로운 자료들을 열람해볼 수 있었던 기간이었을 것이다. 이 책을 마치면서 학문간의 소통이 어떤 의미를 지니는지 다시 한 번 생각하게 되었다. 한의학이라는 세계에서 30년 이상 살아온 입장에서 이 울타리를 벗어나 새로운 세계를 본다는 것은 미지의 세계로 들어간다는 환상적 기대보다 무지의 영역에 들어가는 수행자처럼 걱정이 앞섰다. 그러나 지난 수년간을 돌이켜보면, 이 기간 동안 미개척 황무지에 물을 뿌려 땅을 질척거리게 한 정도의 노력은 했던 것이 아니었나 싶다. 이 분야에 관련하여 널려 있는 자료들을 하나씩 찾아내어 작업해 나가는 것은 여전히 삶의 즐거움이다..

[참고문헌]

〔논문〕

강금석 등, 「한방 원료 추출물의 주름개선효과를 통한 화장품 원료로서의 가치평가」(생명과학회지 제7권 제8호, 2007년)

강연석·안상우, 「『鄕藥集成方』을 통해 본 朝鮮前期 鄕藥醫學」, 韓國醫史學會誌, 2002.Vol.15,No.2

공차숙·김희숙, 「신윤복(申潤福)의 풍속화(風俗畵)에 나타난 조선시대 미용문화(美容文化) 연구」(한국인체예술학회지 제6권 제2호, 2005년)

金南一, 「우리나라 傳統醫藥技術의 中國醫學 수입후 土着化에 對한 硏究」, 國際東亞細亞傳統醫學史學術大會資料集, 韓國醫史學會, 2003.

金南一, 「韓國韓醫學의 學術流派에 관한 試論」, 韓國醫史學會誌, 2004.Vol.17,No.2

김경미, 「여성들의 외모관심도에 따른 한방화장품 구매속성」

김경신·강정수·김병수 등, 「망진에서 바라보는 화장문화의 심리학적 접근」(대전대학교 한의학연구소 논문집 제19권 제2호, 2011년)

김계숙, 「한방화장품 구매특성 및 사용에 따른 한방화장품의 관심도 차이」(한국미용학회지 제16권 제4호, 2010년)

김계숙·이난희, 「도시여성의 한방화장품 사용에 대한 만족도와 구매특성에 관한 연구」, (한국미용학회지 제14권제4호, 2008)

김미경 등, 「호두의 화장품 기능성(Functional Properties of Walnut in Cosmetics)」(Journal of Life Science 2011 Vol. 21. No. 6.)

김민경, 「정조시대와 에도시대의 화장문화와 수발문화의 비교 연구」(한국생활과학회지 제16권 제1호, 2009년)

김승훈·김은주 등, 「현삼, 금은화, 백복령, 마치현 백과엽을 함유하는 한방화장품이 인체피부의 보습 및 청열 효능에 미치는 영향」(대한본초학회지 제22권 제2호, 2007년)

김여진·김은정, 「브랜드 아이덴티티 제고를 위한 시각요소의 이미지 작용효과 연구-한방화장품 B·I에 대한 소비자 선호도 중심으로」(디지털디자인학연구 제8권 제3호)

김용문, 「벽화에 나타난 고구려의 머리모양과 화장문화」(고구려연구 제17집, 2003년)

김용숙, 「성인여성의 성역할 정체감에 따른 신체 및 화장이미지」(복식 제59호 제3호, 2009년)

김은식 등, 「천연화장품 신소재 개발을 위한 감귤류(Citrus)의 생리 및 면역활성」

김은주, 「한국 전통 화장풍속사에 관한 연구」

김은주, 안성원, 남개원, 이해광, 문성준 등, 「적송엽 함유 한방화장품이 인체 피부 노화에 미치는 영향 연구」(대한본초학회지 제21권 제1호, 2006년)

김주덕, 「한방 화장품의 세계화 및 명품 브랜드 전략에 관한 연구」(한국미용학회 추계학술발표회 자료집, 2007년)

김희숙, 「20세기 한국과 서양의 여성 화장문화의 비교연구」(화장품학회지, 2000년)

노호식, 「한방화장품개발 및 시장현황」(대한가정학회지 제45권 제10호, 2007)

류영희·김주덕, 「한방화장품의 구매행태에 관한 분석-수도권 거주 여성 소비자를 중심으로」(한국미용학회지 제13권 제2호, 2007년)

류은주, 「한국 고대 전통 피부관리 및 화장문화에 관한 연구」(한국미용학회지 제1권 제1호, 1995년)

박보영, 「한중일 여성색조화장문화 성격형성요인」(동양학연구 3호, 1997년)

박보영·황춘섭 등, 「한국, 중국, 일본 여성의 색조화장문화」(복식 38호, 1998년)

박봉래, 「소비자 인지과정을 중심으로 한 상품디자인 연구-국내 한방화장품의 디자인 개선을 중심으로」(Package Design Research 15호, 2004년)

박옥련, 「중국왕조 인물화에 나타난 화장문화 비교」(한국생활과학회지 제18권 제3호, 2009년)

박정원, 「명품화장품 브랜드 자산구성 요소에 관한 연구」(한복문화학회지 제11권 3호, 2008년)

박창익, 「黃芩을 이용한 아토피상 피부용 한방화장품 제형화에 관한 연구」(대한본초학회지 제21권 제2호, 2006년)

변석미 등, 「조선 역대 왕의 피부병에 대한 고찰—《朝鮮王朝實錄》을 중심으로」(한방안이비인후피부과학회지 제23권 제3호, 2010년)

삼성경제연구소, 「CEO Information」(2002년 제379호)

신현재, 「천연 치자 색소의 연구개발 동향」(한국생물공학회지 제22권 제5호, 2007년)

안인희, 「중국 고대 여성화장 문화 연구」(한국디자인문화학회지 제11권 제2호, 2005년)

안현순, 「중국 전통 화장 문화에 관한 소고—문헌상의 기록을 중심으로」(한국미용학회지 제14권 제3호, 2008년)

엄지태 등, 「芳香性本草분류를 통한 香氣療法硏究」(大田大學校 韓醫學硏究所 論文集 39 第20卷 第1號 2011년)

이경자·송민정, 「우리나라 전통 화장문화에 관한 연구」(복식 17호, 1991년)

이민정·이진민·장영순·장미정 등, 「수분화장품 용기 디자인의 이미지선호도—감성 형용사 이미지언어를 중심으로」

이승민, 「한방화장품 추구혜택이 브랜드 선택에 미치는 영향」(한국의류학회지 제32권 제2호, 2008년)

이승민, 「유통경로에 따른 한방 화장품 추구혜택 및 정보원에 관한 연구」(대한가정학회지 제45권 제10호, 2007년)

이애련·전해숙 등, 「당대 회화에 나타난 화장문화」

이연희·류광록, 「화장문화고찰—화장의 기원과 고대 한국·중국을 중심으로」(한국디자인문화학회지 제10권 제4호, 2004년)

이정미·안정숙, 「한방화장품 소비자의 구매행동이 브랜드태도, 쇼핑만족 및 추천의도에 미치는 영향」(패션비즈니스 제15권 1호, 2011년)

이정원·구자명, 「동서양의 신부 화장에 관한 연구—한국의 전통혼례를 중심으로」(한국미용학회지 제14권 제3호, 2008년)

이진용·이해선, 「설화수 브랜드 이야기: 한방과 한국 전통미를 이용한 프리미엄 브랜드 구축 사례」(『광고학 연구』, 제17권 5호, 2007년)

이진태 등, 「백출과 삼백초를 이용한 기능성 한방화장품 소재에 관한 연구」(한약응용학회지 제5권 제1호, 2005년)

장양양, 「한·중 여성잡지 색조화장품 광고표현 비교—한국ELLE와 중국ELLE의 색조화장품 광고를 대상으로」(디자인학연구 Journal of Korean Society of Design Science 통권 제90호 Vol. 23 No. 4, 2010년)

전해숙·이애련 등 「당대 묘실벽화에 나타난 화장문화 연구」(한복문화학회 추계학술대회 자료집)

전해숙·이애련·류재운 등, 「당대 호풍(胡風)화장문화 연구」(한복문화학회, 2004년)

정용희·이현옥, 「전통화장문화에 나타난 연지의 변천에 관한 고찰」(복식문화연구, 제6권 제1호, 1998년)

정현선, 「한방화장품 브랜드의 색채배색에 관한 연구」

최영경·조규화, 「한국여성의 화장문화에 관한 연구—여성잡지, 미용기사를 중심으로」(한국패션디자인학회 제2권 제2호, 1998년)

최은미·심아름, 「대학생의 화장품 구매행동에 관한조사연—남·여학생의비교」

최재환 등, 「경옥고 가미방 효모발효물 함유 한방화장품이 인체피부생리에 미치는 영향」(대한본초학회지 제22권 제4호, 2007년)

한승헌 등, 「한방 입욕제 처방이 피부 병변 모델에 미치는 영향」(한국한의학연구원논문집 제16권 제3호, 2010년)

한영호, 「백화점 한방화장품 매장 실내디자인 제안—'더 히스토리 오브 후'를 중심으로」

〔저서〕

김남일, 『근현대 한의학 인물실록』, 들녘, 2011

김남일, 『한의학에 미친 조선의 지식인들』, 들녘, 2011

金斗鍾, 『韓國醫學文化大年表』, 탐구당, 1982

金斗鍾, 『韓國醫學史』, 탐구당, 1979

맹웅재 외, 『강좌 중국의학의 역사』, 대성의학사, 2006

맹웅재 외, 『한의학통사』, 대성의학사, 2006

동의문헌연구실, 『新對譯東醫寶鑑』, 법인문화사, 2007

신동원 외, 『한권으로 읽는 동의보감』, 들녘출판사, 1999

신동원, 『조선사람의 생로병사』, 한겨레신문사, 1999

李盛雨, 『韓國食經大典』, 향문사, 1998

전완길, 『한국화장문화사』, 열화당, 1987

崔秀漢, 『朝鮮醫籍通考』, 中國中醫藥出版社, 1996

『한국한의학사 재정립』 상·하, 한국한의학연구원, 1995

許浚, 『原本 東醫寶鑑』, 南山堂, 1987

〔홈페이지〕

조선왕조실록홈페이지: http://sillok.history.go.kr/main/main.jsp

한국역사정보통합시스템: http://www.koreanhistory.or.kr/

한방화장품의 문화사
ⓒ김남일 2013

초판 1쇄 발행일 2013년 4월 5일

지은이···김남일
펴낸이···이정원

출판책임···박성규
편집책임···선우미정
편집···김상진 · 한진우 · 조아라 · 김재은 · 김솔
디자인···김지연 · 김세린
마케팅···석철호 · 나다연 · 도한나
경영지원···김은주 · 이순복
관리···구범모 · 엄철용
제작···송승욱

펴낸곳···도서출판 들녘
등록일자···1987년 12월 12일
등록번호···10-156
주소···경기도 파주시 교하읍 문발리 출판문화정보산업단지 513-9
전화···마케팅 031-955-7374   편집 031-955-7381
팩시밀리···031-955-7393
홈페이지···www.ddd21.co.kr

ISBN 978-89-7527-666-8(03900)

값은 뒤표지에 있습니다. 잘못된 책은 구입하신 곳에서 바꿔드립니다.